LES

INSTITUTIONS SOCIALES

ET

LE DROIT CIVIL

A SPARTE

LES

INSTITUTIONS SOCIALES

ET

LE DROIT CIVIL

A SPARTE

PAR

CLAUDIO JANNET

Docteur en Droit, Avocat à la Cour d'Aix.

———————⟨⟩———————

PARIS

DURAND ET PEDONE LAURIEL, LIBRAIRES

RUE CUJAS, N° 9.

—

1873

(Extrait du tome X des Mémoires de l'Académie d'Aix)

————————

Aix. — Imprimerie ILLY, rue du Collège, 20. — 1873.

————————

LES
INSTITUTIONS SOCIALES

ET

LE DROIT CIVIL

A SPARTE

PAR

CLAUDIO JANNET,
Avocat, Docteur en Droit.

———◦◦◦◦◦◦———

Dans son cahier pour les États-Généraux de
1789, le tiers-état de Bar-le-Duc demandait qu'on
établît *une école nationale qui, comme à Sparte,
formât des hommes et des citoyens :* expression
naïve d'une admiration, générale alors pour l'antiquité classique, qui depuis a retenti maintefois
à la tribune de nos assemblées révolutionnaires
d'une façon tantôt terrible, tantôt grotesque. Ces
fausses notions sur les sociétés anciennes n'ont
pas été sans influence sur le développement de
notre caractère national, ce qui prouve une fois
de plus qu'aucune erreur historique n'est absolument indifférente.

La science moderne a en grande partie fait
justice de ces préjugés ; et l'on sait ce que valait

la liberté des cités grecques : cependant, il nous
paraît y avoir encore une utilité réelle à poursuivre cette œuvre et à montrer comment la
famille et le travail, c'est-à-dire la vie morale et
la vie économique étaient organisés dans l'antiquité.

Ce que plusieurs savants ont fait de nos jours
pour Athènes (1), nous voudrions le faire pour
Sparte. On aurait ainsi deux types à peu près
complets de la civilisation hellénique. Cette tâche
n'est pas sans difficultés et, pour la remplir, il
faut joindre aux résultats acquis par la critique
et par l'érudition ceux de la législation comparée.
Quelle que soit la valeur de nos recherches per-
sonnelles, l'on nous tiendra compte au moins du
résumé que nous offrons des importants travaux
de l'érudition anglaise et allemande sur ce sujet.

Quoique nous nous proposions d'étudier plus
particulièrement les institutions privées, l'organisation de la propriété, le mouvement de la
population, le régime du travail, il faut auparavant rappeler d'une façon sommaire les traits
principaux de la constitution politique, car chez
les anciens la vie privée était en tout et partout
subordonnée à la vie publique.

(1) M. Caillemer, entre autres, dans ses belles *Études sur
les antiquités juridiques d'Athènes*. Nous devons plusieurs
indications précieuses à ce savant aussi obligeant que distingué.

I.

LE RÉGIME DU TRAVAIL ET LA CONSTITUTION POLITIQUE
DANS L'ÉTAT SPARTIATE.

Les Spartiates ou citoyens qui formaient la classe dominante avaient rejeté toute la tâche du travail agricole et industriel sur deux classes bien tranchées : les *Hilotes* et les *Périœques*. Quant aux esclaves proprement dits, on ne peut pas dire qu'ils formassent une classe dans l'État, puisqu'ils n'avaient aucune participation au droit civil ni au droit public de la cité. Le régime du travail étant organisé en dehors d'eux, on doit en conclure que primitivement ils étaient peu nombreux et employés exclusivement au service personnel et domestique.

§ I. — *Les Périœques.*

C'étaient les habitants des villes et des districts de la Laconie, descendant des possesseurs du sol que les Doriens-Héraclides avaient soumis. Ils avaient l'intégrité des droits de famille; ils étaient pleins propriétaires, francs-tenanciers et ils formaient sous le nom κωμαι des espèces de communes, qui jouissaient de cet ordre de libertés que nous appelons les franchises municipales.

On ne refusait à ces communes le nom plus relevé de πόλις que parce qu'elles étaient dans l'ordre politique complètement sujettes de Sparte. Malgré cette dépendance, les Périœques étaient considérés comme Hellènes et hommes libres, ils étaient admis à concourir aux Jeux olympiques (1) et servaient dans l'armée spartiate comme hoplites ; au moins en était-il ainsi de ceux qui se livraient à l'agriculture.

Quoique la ville et le district de Sparte appartinssent exclusivement aux citoyens de la race dominante, un certain nombre de Périœques y exerçaient les métiers nécessaires à l'agglomération urbaine, métiers auxquels aucun citoyen n'eut pu se livrer sous peine de déchéance. Ces artisans étaient organisés en corporations, ayant leurs héros propres, leurs rites particuliers, et où les professions se transmettaient héréditairement. Telles étaient les corporations de cuisiniers, de marchands de vin, de joueurs de flûte, de boulangers et autres (2). En outre, les manufactures, fort importantes en Laconie, étaient

---

(1) Pausanias, l. III, ch. 22, § 5. (ed Didot). Sur les Périœques v. Ottfried Müller. *Die Dorier*, l. III, chap. II, tom. II, p. 21 et suiv.

(2) Hérodote, l. VI, c. 60 (éd. Didot). — Ælien, *Hist. var.*, l. XIV, c. 7 (éd. Didot). — Athénéo, l. II, ch. III, p. 39 ; l. IV, ch. XXII, p. 173 ; l. XII, ch. XII, p. 550 (éd. Casaubon, Lugdunum 1612).

exploitées exclusivement par les Périœques. Les métiers, l'agriculture, le commerce leur étaient ainsi une triple source de richesses, car rien de la sévère discipline de Lycurgue ne s'appliquait à eux (1). Autant par politique que par mépris pour le travail, les Spartiates leur abandonnaient volontiers ces avantages. La force de leur discipline civile et leur puissance acquise comme gens de guerre et de gouvernement leur paraissaient assurer suffisamment leur domination.

§ II. — Les Hilotes.

A un rang de beaucoup inférieur étaient les Hilotes, véritables serfs de la glèbe, qui cultivaient les terres appartenant aux Spartiates et étaient dans une dépendance personnelle vis-à-vis du gouvernement de Sparte (2).

Les Hilotes étaient une population essentiellement rurale : Le bonnet de cuir et le vêtement

---

(1) V. à ce sujet une anecdote caractéristique rapportée par Myron dans Athénée, l. XIV, c. XXI, p. 657.

(2) Probablement des Hilotes étaient aussi attachés aux fonds de terre des Périœques. (V. Grote, *Hist. de la Grèce* qui renvoie à Tite-Live XXXIV, 27 ; mais les Périœques pouvant se livrer eux-mêmes à l'agriculture et leurs possessions étant peu étendues, ces Hilotes devaient être peu nombreux.

grossier qu'ils portaient étaient ceux de tous les paysans grecs. Peut-être étaient-ils réduits à cette condition dès avant l'invasion des Doriens, et leur aptitude constante pour la marine peut faire conjecturer qu'ils descendaient de ces redoutables navigateurs du Péloponèse, mentionnés dans les inscriptions égyptiennes de la 19e et de la 20e dynasties, comme ayant fait partie de la confédération des peuples pélasgiques qui fit, à plusieurs reprises, des descentes dans les villes du Delta (1). Quoiqu'il en soit de cette origine, voici en résumé quelle était leur condition dans l'État.

Ils étaient attachés héréditairement à des fonds de terre moyennant une redevance payée au propriétaire spartiate, mais en raison même de cette attache héréditaire, ils avaient une partie des avantages de la propriété.

Leur statut de famille était reconnu et ils pouvaient élever leurs enfants dans les lieux où avaient vécu leurs pères. Les redevances qu'ils avaient à payer étaient fixées une fois pour toutes par la religion publique et nul ne pouvait en élever le taux (2).

(1) Lenormant, *Manuel d'histoire ancienne de l'Orient*, t. I, p. 429 et 440 (4e édit.) O. Müller *Die Dorier*, t. II, p. 33. — Pausanias, l. III, ch. I.

(2) Plutarch., *Instituta laconica*, § 41 (éd. Didot). Remarquez que c'est le droit religieux qui protège les Hilotes et non pas quelque traité international. Ils n'avaient plus

Tyrtée, dans un de ses fragments, a dépeint sous des couleurs fort sombres la condition de l'Hilote qui devait donner à son maître la moitié des fruits de la terre ; mais ceci paroît avoir été particulier aux Messéniens vaincus ; les autres Hilotes, ceux de l'ancien territoire laconien, étaient moins maltraités (1). Le profit qu'ils pouvaient retirer de leurs champs par une meilleure culture leur appartenait ainsi en propre. Il en était de même du produit de leur industrie et du butin fait à la guerre. Aussi, un certain nombre d'entr'eux arrivaient-ils à la richesse et à un degré de talent qui en faisait dans leur classe des hommes importants (2).

Quoique les Hilotes dussent des services personnels aux maîtres des fonds auxquels ils

aucune existence nationale, mais ils faisaient sous un certain rapport partie de la cité. Cpr. Plutarch. Lycurg., ch. 28, Αριστοτλης δε........ονως ευκγεα η το ανελειν.

(1) Tyrtée, fragm. IV (édit. Bergmann. Ce que Plutarque dans la vie de Lycurgue nous dit des redevances que les citoyens retiraient de leur lot, en montre bien le caractère fixe dans la plupart des circonstances.

(2) Sur la richesse mobilière des Hilotes. V. Hérodote IX, 80. — Dans la vie de Cléomènes par Plutarch. c. 23, on voit un grand nombre d'Hilotes racheter leur liberté au prix de 5 mines attiques chacun. V. O. Müller, t. II, p. 34. Sur la richesse des plantations dans le district de Sparte exclusivement cultivé par les Hilotes, V. Polybe, l. V, c. 19, (édit. Didot).

étaient attachés, et que notamment ils fussent obligés de les accompagner à la guerre comme vélites, l'État seul avait juridiction sur eux ; seul il pouvait les punir de mort, les séparer du fonds héréditaire, seul encore il pouvait les affranchir et en faire des citoyens. Si généralement les Spartiates étaient vis-à-vis des Hilotes ombrageux et cruels, (la chasse aux hommes ou cryptie indique assez la nature de leurs procédés gouvernementaux), ils ne leur fermaient pas toute espérance d'arriver à la liberté. Leur politique était parvenue à créer entre eux plusieurs classes, selon le degré de liberté et de confiance qu'on leur accordait : un certain nombre, sous le nom de νοθαμνδιι, étaient élevés au rang de citoyens, quoiqu'avec des droits inférieurs à ceux des Spartiates d'origine (1). Au contraire, il n'y avait pour les Périœques aucun moyen d'obtenir le droit de cité. Créer des classes différentes entre ses sujets, opposer sans cesse les intérêts de ces classes entre elles, tel fut pendant longtemps le grand art de la politique Spartiate.

(1) Hésychius, v° Ἀρχαιοι, Thucydide, IV 80, V 34. Athénée, l. VI, c. XX, p. 271. Vallon, *Histoire de l'esclavage dans l'antiquité*, partie I. chap. III. Surtout O. Müller *Die Dorier*, t. II, ch. III, § 5. Nous ne nous écartons de ses opinions qu'en ce qui touche les *Mothaces* que nous ne pouvons regarder comme des Hilotes affranchis. Nous exposerons plus loin notre opinion sur ce point.

§ III. — *Rapports des citoyens avec ces deux classes.*

Cette juxtaposition de Périœques et de serfs soumis à des titres divers à un peuple de guerriers concentrés dans une ville, n'était pas une chose particulière à Sparte. Le même état social existait dans une foule de villes, soit d'origine dorienne, soit appartenant aux autres branches de la race grecque. On le retrouve notamment en Crète, en Thessalie, dans l'Achaïe, dans l'Argolide, etc. (1). Il ne faut pas voir non plus, dans cette superposition de classes, l'effet d'un antagonisme originel de races. C'était tout simplement une des conséquences de la conquête, telle que le droit des gens de l'antiquité l'autorisait. Les Spartiates ne se firent aucun scrupule de réduire à la dure condition d'Hilotes les Messéniens, qui étaient Doriens - Héraclides comme eux et sortis de la même souche.

Seulement la superposition de ces classes était plus accentuée et plus développée à Sparte

(1) Athénée, l. VI, c. XVIII à XX. Stephan Byzant. v° χιοσ. Harpocration, v° πενεσται. Phavorinus, v° θεραποντα. Polluc. Onomasticon, l. III, c. VIII, Amstelodam 1706. Aristot. politiq. l. II, c. VI, § 2 (éd. Barthélemy St-Hilaire). V. dans Ottf. Müller *Die Dorier*, t. II, p. 52 à 74, sa belle étude sur les races soumises dans les États grecs.

qu'ailleurs ; elle était la base de la constitution politique et de toutes les lois civiles. Selon les calculs, approximatifs bien entendu, d'Ott. Müller, au temps de la plus grande puissance des Spartiates, vers la seconde guerre médique, pour une population de 36,000 citoyens, on aurait compté 120,000 Périœques et 224,000 Hilotes (1).

Cette disproportion entre la race dominante et les populations soumises était rendue encore plus sensible par l'étendue des terres que les Spartiates possédaient. Elles formaient presque la totalité du territoire, tandis que les districts laissés aux Périœques étaient fort resserrés (2).

Or ces terres immenses, les Spartiates ne les cultivaient pas du tout eux-mêmes, nous le répétons. Le témoignage des historiens anciens est unanime sur ce point. Non seulement tout métier, mais encore l'agriculture leur était interdite par les lois et par les mœurs. Aristote signale leur éloignement des occupations rurales comme un des traits caractéristiques de leur constitution (3).

---

(1) *Die Dorier*, t. II, p. 47. Cf. Vallon, *Hist. de l'esclavage dans l'antiquité*, t. I, p. 109.

(2) Aristote, *Politiq.* l. II, ch. VI, § 23. Isocrate, *Panathennic.* éd. Auger, t. II, p. 454 et 546. O. Müller, t. II, p. 190. Grote, *Hist. de la Grèce* (trad. de Sadoux), t. III, ch. VI.

(3) Aristote, *Politiq.* l. II, ch. II, § 11, cf. Xénophon,

Ils étaient exclusivement guerriers et citoyens : une sévère discipline intérieure maintenait entre eux la cohésion nécessaire à un corps politique et militaire tel que le leur : toute occupation lucrative leur étant interdite, ils n'avaient aucun moyen d'acquérir des richesses nouvelles, si ce n'est par la guerre. Propriétaires éminents de la terre, ils n'en retiraient que des redevances fixées une fois pour toutes et qui leur donnaient un état de subsistance sur lequel était basé l'accomplissement de leurs fonctions civiques et de leurs devoirs guerriers. Concentrés dans la ville, toute leur existence était absorbée par ces deux choses : gouverner et combattre, préparer la jeunesse à gouverner et à combattre.

A côté de cela les métiers, l'agriculture, le commerce, toutes les sources de la richesse étaient aux mains des populations soumises (1).

Une pareille situation influait considérablement sur les institutions civiles, sur le mouvement de la population, sur toute la vie privée en un mot. A la fin cette séparation, nulle part aussi tranchée, du pouvoir politique d'avec toutes les forces économiques, devait amener une crise

G⁺ de Lacédem, c. VII. Plutarq. Lycurg., c. XXIV. Denys d'Halicarn, Ant. Rom. l. II, c. 28. Dans Athénée citations de Myron et de Sphœros, l. IV, p. 141 et l. XIV, p. 657.

(1) Aux textes cités dans les notes précédentes, ajoutez Plutarq. Agésilas, XXVI, et Pélopidas, XXIII.

dans laquelle l'État périrait, malgré les combinaisons les plus ingénieuses du législateur.

§ IV. — *Constitution politique.*

Ce qui frappe le plus à première vue dans la constitution politique de Sparte, c'est la permanence des institutions de l'époque homérique, alors qu'elles avaient été abolies ou s'étaient notablement transformées dans les autres États grecs.

Nous voyons effectivement à Sparte, comme dans l'Iliade et dans l'Odyssée, des rois héréditaires qui tiennent leur pouvoir de la volonté de *Zeus*, qui offrent les sacrifices publics et sont les chefs de l'armée, mais dont le pouvoir judiciaire se partage avec un conseil de chefs (βουλη γεροντες) (1) et qui enfin dans les occasions importantes doivent consulter l'assemblée générale des guerriers (εκκλησια) dont le rôle est ordinairement assez passif (2).

(1) D'après M. Saripolos le mot de *gerontes* vient de γερας prérogative et non de γηρας vieillesse ; il signifie donc les notables, *principes*, et non pas les vieillards, comme on le croit communément.

(2) Sur les formes du gouvernement dans l'antiquité grecque V. Grote, *Histoire de la Grèce* (trad. de M. Sadoux), t. II, ch. VI, p. 294 et suiv., comparées avec celles de Sparte, t. III, ch. VI, p. 270.

Sparte présentait la particularité de deux maisons royales régnant concurremment et exerçant en commun le pouvoir : ce fait trouvait son explication dans la légende des chefs guerriers qui avaient conduit les Doriens à la conquête du Péloponèse et auxquels les maisons royales se rattachaient par des généalogies soigneusement conservées (1). La dignité royale se transmettait de mâle en mâle et par ordre de primogéniture, selon les règles propres aux familles de chefs de races qui, dans l'antiquité homérique, portaient tous le nom de Βασιλεια. Toute atteinte aux prérogatives des rois était punie par la religion : à leur mort un deuil solennel de dix jours régnait dans la Laconie entière. Chefs suprêmes de l'armée de terre et maîtres absolus des choses religieuses, ils sacrifiaient pour le peuple à la tête de l'armée et exerçaient une juridiction souveraine sur les matières civiles qui, dans les idées des anciens, étaient intimement liées au droit religieux (2). Quant aux jugements criminels et à la direction politique des affaires de la nation,

(1) Pausanias, l. III, a fait l'histoire des deux maisons royales.

(2) Hérodote, l. VI, c. 55 à 58. Aristote, *Politiq.* l. III, ch. IX, § 2 et 7. Denys d'Halicarnasse, l. V, c. 75. Xénophon, *Gouvernement de Lacédémone*, ch. XV. Sur la royauté à Sparte et sa liaison avec les institutions des temps homériques. V. O. Müller, t. II, p. 97 et suiv.

ils les partageaient avec la γερουσια qui se composait de vingt-huit *gérontes* et dont ils étaient membres de droit. Les gérontes étaient élus à vie et choisis dans les grandes familles : avant l'institution des éphores tout le pouvoir était entre leurs mains (1). Quant à l'assemblée du peuple, elle n'avait aucune initiative ; elle ne pouvait qu'accepter ou rejeter par acclamation et sans discussion les mesures qui lui étaient proposées (2).

On retrouve à Sparte les traces de l'ancienne organisation des peuples Helleno-Pélasgiques en tribus Ethniques, en Phratries et en races appelées γενη.

Le γενος ou race est à peu près la même chose que le clan des races Celtiques qui s'est conservé jusqu'à nos jours dans les Higlands. C'est la famille aggrandie, la transition entre la famille patriarchale et la nation. Seulement chez les ancêtres des Italiens et des Grecs, cette aggrégation, au lieu de reposer sur des généalogies et des liens de parenté soigneusement conservés comme dans les tribus des Sémites ou les clans des Celtes, avait pour base le culte rendu à un

---

(1) Hérodote, l. VI, 57. Xénophon, *G¹ de Lacédémone*, c. X. Aristote, *Politiq.* l. II, c. VI, §§ 17-19, l. III, c. I, § 7.

(2) Sur la nullité politique du Δημος à Sparte. V. Tyrtée, fragm. dans Plutarque, *Lycurg.* VI et XIX.

héros ou ancêtre divinisé auquel tous les membres se rattachaient par une sorte d'adoption
religieuse. Des clients, des esclaves affranchis
trouvaient ainsi leur place dans le γινος autour
d'une famille dominante. La période de formation de ces premiers éléments de la société n'a
laissé en Grèce que fort peu de traces, et généralement les γινη helléniques ne nous apparais-
sent dans l'histoire que comme faisant déjà partie
de tout un ordre hiérarchique. Ils sont réunis
dans la cité au moyen d'aggrégations intermé-
diaires qui s'appellent la phratrie et la tribu.

« Les Grecs, dit Ott. Müller, nommaient φρατρια
« une union de races soit qu'elle fut naturelle et
« fondée sur une parenté réelle, soit qu'elle fut
« seulement politique et organisée d'après une
« certaine règle pour l'ordonnance de l'État. Elle
« comprenait ainsi des races (πατροι ou γινη) qui
« reposaient elles-mêmes sur une descendance
« réelle ou bien qui dans les temps anciens
« s'étaient unies civiquement et religieusement et
« qui par la suite avaient été constituées politi-
« quement d'après certaines règles (1). »

Les trois tribus ethniques des Spartiates avaient
pour nom les *Hylleis*, les *Dymanes*, les *Pamphi-
leis* du nom des trois fils attribués par la légende
à *Doreus* l'ancêtre de toute la race dorienne.

_____

(1) O. Müller, *Die Dorier*, t. II, ch. V.

On retrouvait des tribus du même nom dans tous
les États Doriens. Ces trois anciennes tribus de
Sparte, qu'il ne faut pas confondre avec d'autres
tribus régionales au nombre de cinq établies plus
tard, se subdivisaient en trente *ôbes* ou phratries.
Toutes les fonctions qui avaient une origine
antique, comme celles des trente gérontes et des
trois cents chevaliers, étaient en rapport avec ces
nombres (1).

Les races dont se composaient les ôbes étaient
appelées τριχχαδιο comme à Athènes (2). Plusieurs
avaient conservé leurs coutumes propres et l'histoire a notamment gardé le souvenir des Thaltybiades et des Égides ; mais c'étaient surtout
les deux maisons royales qui représentaient fidè-
lement la vieille organisation du γινος. Les deux
rois étaient chacun les chefs de leur γινος : ils
avaient un vaste domaine situé dans les districts
des Périœques et avec lesquels ils pourvoyaient
à l'entretien de leurs nombreux parents (3). Pri-

---

(1) Hérodote, l. V, 68. Etymologic Magn., v° τριχαιχιο
Steph. Byzant., v° Υλλεια, Δυμαν. Demetrios Scepsios, dans
Athénée, l. IV, ch. IX. Rhetra de Lycurgue dans Plutarq.
ch. VI. Hésychius, v° ωβατης. Grote, *Hist. de la Grèce*,
t. III, p. 284, 285. Thirlwall, *Histoire des origines de la
Grèce antique*, trad. Joanne, 1 vol. in-8°. Appendice *sur
les tribus Spartiates.*

(2) Hérodote, I, 65. Müller, l. cit.

(3) Xénophon, *G¹ de Lacédém.*, c. XV. *Vie d'Agésilas*,
IV. *Plutarch.*, Agis., c. IX. Hérodote, l. VI, c. 57.

mitivement ils avaient été considérés comme les propriétaires de tout le pays, alors que le peuple entier n'était qu'une tribu patriarchale (1). La succession au trône reposait sur le droit privé de leur γινος et présentait plusieurs singularités. La couronne passait au fils aîné, mais les enfants nés pendant la royauté du père étaient préférés à ceux nés avant. A défaut de descendants mâles, le trône était dévolu au plus proche parent par les mâles. L'âge n'y faisait rien, et en cas de minorité, la tutelle était déférée au plus proche parent par les mâles (2).

Cependant plusieurs traits de la constitution politique s'écartaient notablement des institutions de l'époque homérique et montrent que Sparte avait marché, quoique d'un pas inégal, dans la voie qui avait conduit toutes les autres cités à l'abolition de la royauté. Ainsi les rois étaient complètement subordonnés à la gérusie. Les gérontes eux-mêmes, quoique choisis exclusivement dans les anciennes familles, n'étaient pas des chefs purement héréditaires : ils étaient élus par le

---

(1) Aristot., *Politiq.*, l. VIII, c. VIII, § 5.

(2) V. les précieuses légendes des familles royales qu'Hérodote a conservées, l. V., c. 39-42, VI, 51-52, 63-74, VII, 3, 204-205. Xénophon, *Hellénic.*, l III, c. III. Plutarq., *Lysander*, c. 24. V. dans Pausanias, l. III, les chapitres consacrés aux généalogies des deux maisons royales, notam. c. VI, § 2.

peuple avec des formes naïves qui rappellent les pratiques militaires d'un camp (1). Sparte établie par la violence au cœur du Péloponèse et poursuivant, au milieu de guerres continuelles, l'asservissement du reste de la péninsule, devait être organisée comme une armée : le prestige de la race ne suffisait plus à ses chefs, il leur fallait y joindre la considération qui s'attache aux exploits guerriers. Évidemment, dès l'époque où nous commençons à avoir des notions sur l'histoire de Sparte, le régime patriarchal du γίνος était en décadence. Les tribus ethniques, les ôbes, les races ne subsistaient plus qu'avec une importance amoindrie comme les restes d'un état social qui disparaît.

La disposition qui subordonnait l'exercice des droits politiques au paiement de la quote-part aux syssities ou repas publics, c'est-à-dire à une condition de cens, achève de déterminer le véritable caractère de la constitution de Sparte et de la ranger parmi les *aristocraties* pour emprunter la terminologie des auteurs grecs. Les historiens anciens sont unanimes pour attribuer ce caractère au gouvernement de Sparte (2), et à l'époque où nous nous plaçons, cette forme politique

---

(1) Thucyd, I, 87. Plut. *Lyc.*, 26. Cf. Hérod, V, 92.

(2) Polybe, l. IV, c. 48. Isocrate, *Panathenaic*, p. 531, t. II (éd. Auger). Aristot. *Politic*, l. II, ch. III, § 9 ; l. VI, ch. V, § 11 ; ch. VII, § 4 et 6 ; l. II, ch. VI, § 14.

était celle qui prévalait dans toutes les cités grecques, sans distinguer entre celles qui se rattachaient à la souche ionienne et celles d'origine dorienne. Les législateurs contemporains de Lycurgue, Phidon, à Corinthe, Philolaüs, à Thèbes, ainsi que plusieurs autres dont le nom a péri, avaient établi des systèmes aristocratiques. Ce sont là les véritables similaires de la constitution de Sparte qui n'est pas une aussi forte anomalie dans l'histoire de la Grèce qu'on le croit généralement. Nous devrons plus d'une fois les en rapprocher, à l'exemple d'Aristote qui, dans le livre II de sa *Politique*, les a décrites et comparées ensemble, comme formant un groupe distinct dans la classification des formes politiques. Mais il faut bien entendre ce qu'était une aristocratie dans les idées des Grecs.

Ce n'était nullement comme on pourrait se l'imaginer à première vue, le gouvernement des chefs de races (γένη) Βασιλεῖς inférieurs qui, après avoir détruit la royauté de droit divin, continuaient à exercer un pouvoir de même nature sur le peuple sous le nom d'Eupatrides, en vertu du privilège religieux de leur naissance. Cette forme sociale, fondée exclusivement sur la tradition et sur la coutume, se maintenait encore à l'époque classique chez les Thessaliens, les Étoliens, les Arcadiens. Anciennement elle avait existé dans toute la Grèce, mais par suite du déplacement de la richesse au profit des classes non privilégiées et d'une foule d'autres causes très complexes, le corps des Eupatrides, tantôt volontairement, tantôt à la suite de révolutions, avait dû se transformer, ouvrir ses rangs d'une façon plus ou moins large et fixer l'exercice des droits politiques par des constitutions positives. Cette transformation sociale se produisit du IX° au VII° siècle avant J.-C. Quand elle fut consommée, la notion d'une constitution comme base de la valeur morale, de la légitimité dirions-nous, d'un gouvernement quelconque, avait pénétró si profondément dans l'esprit des Grecs, que leurs penseurs les plus distingués ne pouvaient plus se faire une idée du droit traditionnel et coutumier qui avait régi leurs ancêtres.

Ces constitutions étaient très diverses, depuis celles qui n'avaient fait que consacrer, avec quelques changements extérieurs, la domination des Eupatrides, jusqu'à la *démocratie* où le pouvoir appartenait au nombre et à l'*ochlocratie* où il était aux mains de la populace (1). La πολιτεία, gouvernement tempéré, où les divers éléments

(1) Il ne faut pas perdre de vue que même dans les cités les plus démocratiques, l'organisation du travail reposait sur l'esclavage domestique ou sur le servage des populations rurales ; il y a plus : le nombre des esclaves allait généralement croissant à mesure que les institutions devenaient plus démocratiques, car les citoyens abandonnaient le travail pour se livrer exclusivement à la politique. Aussi Aristote, exprimant

politiques, naissance, nombre, richesse se pondéraient, était l'idéal cherché par les intelligences d'élite, mais presque jamais réalisé dans la pratique d'une façon durable.

Aristote, voulant faire entrer dans une classification scientifique ces formes diversifiées presqu'à l'infini et après avoir posé sa fameuse division tripartite des gouvernements, exprime, par les termes d'ολιγαρχια, d'αριστοκρατια et de τιμοκρατια des nuances politiques que dans notre langage moderne nous réunissons sous la dénomination d'aristocratie. La *timocratie*, forme secondaire et postérieure dans l'ordre des temps, est une constitution où les droits politiques sont mesurés proportionnellement à la richesse déterminée par un cens et en dehors de toute considération de naissance ou de vertu. L'*oligarchie*, au contraire, est un gouvernement où le pouvoir appartient à

on cela l'opinion commune des anciens, déclare que l'esclavage est nécessaire à la liberté. (*Politiq.* l. I, ch. II, §§ 4, 14). Le mot *démocratie*, appliqué aux sociétés anciennes, a donc un sens et une portée tout différents de celui que nous lui donnons quand nous l'appliquons à nos institutions. De même les États sociaux des temps modernes que nous appelons aristocratiques n'ont rien de commun avec les *aristocraties* antiques : le travail livré exclusivement aux classes serviles, l'absorption des droits individuels et de la vie privée par l'État, sont les deux traits fondamentaux des sociétés antiques ; ils rendent impossible toute comparaison avec les sociétés fondées sur l'idée chrétienne.

des familles nobles ou riches, peu nombreuses, qui forment une classe particulière, et non régulièrement accessible aux autres membres de la cité. Aristote reconnaît jusqu'à cinq espèces d'*oligarchies*, depuis celles où les magistratures sont héréditaires et qu'il appelle du terme expressif de *dynasties*, jusqu'à celles qui se confondent presque avec la timocratie. L'*aristocratie proprement dite* a pour but propre le développement de la vertu politique dans l'État. Elle donne le pouvoir aux citoyens réputés les meilleurs, en tenant compte à la fois de la richesse, de la naissance et des qualités civiques, que des lois appropriées au but de la constitution s'efforcent de propager par l'éducation, par la répartition de la fortune et par une immixtion incessante dans les relations de la vie privée (1).

La constitution de Sparte, telle que Lycurgue l'avait faite, rentrait dans cette catégorie de gouvernements placés au premier rang par tous les grands écrivains de l'antiquité, par Xénophon et Isocrate, par Polybe, Platon et Aristote.

Nous en avons indiqué les principaux traits. Le maintien de la royauté n'en altérait pas le

(1) Aristote. *Politiq.*, l. III, c. V, § 2 et suiv. ; l. IV, c. VIII, § 1, c. XIII, § 20 ; l. VI, c. III, § 4 et suiv., c. IV. § 2 et suiv., c. V, § 1, c. X, § 11 ; l. VIII, c. VI, §§ 1, 9, c. X, §§ 2, 3, 5. Cf. Polybe, l. VI, c. III et IV.

caractère et aucun des anciens ne s'y trompait.
A l'intérieur, le rôle des rois était très subordonné, et le développement de la magistrature
des Éphores leur enleva toute influence réelle.
L'antagonisme constant des deux maisons royales
achevait de rendre leur pouvoir inoffensif pour
l'aristocratie (1). Enfin, un des traits recomman-
dables de l'esprit spartiate était l'amour et le
respect des institutions antiques : il protégea
jusqu'à la fin la vieille royauté aux formes
homériques.

II.

LYCURGUE ET L'ÉGALITÉ SPARTIATE.

Les historiens anciens varient beaucoup sur
l'époque à laquelle vécut Lycurgue. Thucydide
donne la date de 830 avant J.-C. ; mais Hérodote
le place 150 ans avant, et un grand nombre
d'auteurs très sérieux, comme Timée et Xénophon, le font presque contemporain des premiers
Héraclides (2). Cette dernière opinion nous paraît

(1) Aristot. *Politiq.*, l. II, c. VI, § 20, et l. VIII, c. X,
§ 1. Hérodote, l. VI, ch. 51, 52.

(2) Xénophon, *G¹ de Lacédémone*, c. XI. Timée, dans
Plutarque, *Lycurg*, c. I. Cicéron, *Tusculan.*, l. V, c. III.

préférable, à cause de la grande autorité d'Hérodote en tout ce qui touche les antiquités lacédémoniennes et puis parce que cette date reculée
convient mieux à ce que nous savons de sa
réforme. Lycurgue est en effet bien certainement
antérieur au groupe des sept sages, et la législation, à laquelle son nom est resté attaché, a un
caractère tout différent de celle de Solon. Elle
n'était pas écrite comme les lois de plusieurs
législateurs qui ont pris rang parmi les poètes
gnomiques. C'était même une maxime fonda-
mentale des Spartiates de ne pas se servir de
lois écrites: par là le respect de la tradition était
mieux assuré. Hérodote raconte que Lycurgue
appuya son œuvre sur l'autorité de la Pythie de
Delphes, le sanctuaire national des Doriens. Sa
réforme gravée surtout dans les mœurs se résu-
mait en quelques maximes sous forme d'oracles
appelées *Rhetrai*, et elle se perpétuait dans un
petit nombre d'institutions fort énergiques qui
étaient conservées religieusement (1).

On comprend par cet exposé toute la difficulté
qu'il y a à dire ce que fut l'œuvre de Lycurgue,
à distinguer les institutions qu'il introduisit de

Brutus, X. V. sur l'époque de Lycurgue la dissertation
chronologique insérée dans le volume des Chronographes
grecs, de Didot.

(1) Hérodote, l. I, 65. Plutarq. *Lycurg.*, XIII., XXIX.
Aristot., *Politiq*, l. II, c. VI, § 16, c. VII, § 6.

celles qui existaient antérieurement et de celles qui se produisirent plus tard. Plutarque commence sa biographie par cette remarque préliminaire qu'on ne peut rien dire de lui avec certitude: franche déclaration qui doit nous rendre indulgent pour sa critique, mais qui nous laisse toute latitude pour prendre seulement ce qu'il faut de ses récits, conçus à un point de vue avant tout littéraire et dramatique (1).

En réalité, les historiens anciens ont des appréciations fort différentes sur l'importance et l'objet des réformes de Lycurgue: un d'eux, en décrivant la constitution de Sparte, ne le nommait même pas. Hérodote, dans un récit très court, mais qui paraît complet, indique tout ce que l'on sait de certain sur lui: « Les Spartiates qui, « de tous les Grecs, vivaient sous les pires ins- « titutions, vécurent sous les meilleures après « Lycurgue: il changea toutes les lois: il orga- « nisa les choses qui tiennent à la guerre, les « énomoties, les triacades, les syssities, les « éphores et la gerusie. » Dans un autre passage où il décrit les prérogatives de la royauté et plusieurs points importants du Droit civil, il

<hr>

(1) Si nous n'ajoutons que très peu de foi à la *vie de Lycurgue*, nous acceptons sans hésitation les données contenues dans les *vies d'Agésilas, de Lysander, d'Agis, de Cléomènes*, car pour ces époques Plutarque a pu avoir des renseignements sûrs.

ne prononce même pas son nom. Nulle part, il n'est question du partage des terres et de l'égalité, que, suivant l'opinion courante, il passe pour avoir établi à Sparte (1).

Ce silence d'Hérodote sur un point aussi important et qui devait frapper l'attention pardessus tout, est d'autant plus à remarquer que tous les écrivains postérieurs sont également muets sur ce sujet. C'est dans Polybe, au IIme siècle avant J.-C., que se produit pour la première fois l'idée d'un partage des terres et d'une égalité sociale établie par Lycurgue comme base des institutions de Sparte. Cette idée tient la première place dans le récit de Plutarque et à partir de cette époque la figure de Lycurgue législateur prend des proportions grandioses dans l'imagination des historiens et des littérateurs.

En présence de cette transformation de la légende de Lycurgue, M. Grote, l'éminent érudit anglais contemporain, a soupçonné le récit sur

(1) Les travaux de la science moderne ont rendu un témoignage éclatant à la véracité d'Hérodote. Son procédé de composition le place bien au-dessus de tous les autres historiens anciens. A propos de chaque ville et de chaque famille il reproduit scrupuleusement les légendes que ces villes et ces familles conservaient sur elles-mêmes. Or, ces légendes intimement liées à la religion, faisant même partie des rituels, avaient un caractère de fixité que sont loin de présenter les traditions populaires modernes. D'ailleurs Hérodote avait séjourné longtemps à Sparte, l. III, c. 55.

le partage des terres, attribué à Lycurgue, d'être
une falsification historique, et il l'a démontré
dans une dissertation dont nous acceptons plei-
nement les conclusions.

Avant de le suivre sur ce terrain nous voulons
indiquer celles des réformes de Lycurgue sur
lesquelles les anciens sont unanimes. Deux re-
marques préliminaires doivent être faites : la
première, c'est qu'il est très certain que Lycurgue
n'organisa pas de toutes pièces et à nouveau la
société spartiate. Si Hellanicus ne le nommait
pas en décrivant la constitution politique (1),
c'est que la royauté, la gerusie, la division en
tribus, en phratries, en races, existait avant
lui : la raison le dit assez. D'un autre côté, le
caractère exclusivement coutumier de la législation spartiate ne permet pas de penser qu'il ait
modifié radicalement les lois civiles : il dut se
borner à introduire dans la constitution un certain nombre d'éléments nouveaux et surtout à
approprier les anciennes institutions à un but
déterminé (2) ; la seconde, c'est qu'il ne faut
chercher dans la constitution de Sparte ni une
œuvre absolument individuelle sans racines dans
le passé de la cité et sans analogues dans l'his-

(1) Cité par Strabon, l. VIII, c. V, § 5.
(2) Sur ce caractère de la législation de Lycurgue, v.
M. Grote, *Hist. de la Grèce*, t. III, p. 280. (Trad. franç.)
et Thirlwall, *Hist. des origines de la Grèce*, p. 231.

toire des cités grecques, ni le type parfait des
institutions de la race dorienne. La science est
aujourd'hui revenue de cette opposition com-
mode entre le génie ionien et le génie dorien :
les faits (nous aurons plus d'un exemple à en
alléguer), sont loin de confirmer cette donnée qui
ne s'est introduite dans l'histoire qu'au plus fort
de la guerre de l'Hégémonie entre Sparte et
Athènes sous l'influence des orateurs athéniens
qui voulaient avant tout surexciter les passions
populaires (1).

La vérité est, croyons-nous, entre ces deux
opinions trop tranchées l'une et l'autre.

Lycurgue parut à une époque où l'harmonie
entre les chefs de races et la masse des hommes
libres qui composaient ces races était complètement détruite : c'est ainsi qu'il faut entendre la
lutte entre les pauvres et les riches dont parlent
Plutarque et Isocrate. Son œuvre législative consista à transformer le gouvernement traditionnel
des Eupatrides en un corps aristocratique où les
anciennes familles de chefs conservaient encore

(1) C'est Ottfried Müller qui a surtout contribué à popu-
lariser cette idée. M. Grote en fait une très juste critique,
Hist. de la Grèce, t. III, ch. VI, p. 262. Isocrate, *Panathenaïq.*, t. II, p. 531, éd. Auger, constate l'analogie des
anciennes institutions d'Athènes avec celles de Sparte. D'autre part, il y avait autant de différence entre Athènes et Sparte
qu'entre Sparte et Argos, Corinthe, Mégare, villes d'origine
dorienne.

une grande influence et notamment le droit exclu-
sif d'être élus aux siéges de la gérusie (1), mais
où cependant la masse des hommes libres était
délivrée de ce qu'il y avait de trop pesant dans
le régime de la clientèle et formait désormais le
corps de la cité sous le nom d'ἐκκλησία.

L'affaiblissement des anciennes relations de
gentilité apparait à plusieurs reprises comme
l'œuvre essentielle de Lycurgue. Hérodote lui
attribue l'institution des Éphores, après avoir dit
qu'il organisa les tribus et les ôbes (2). Nous
nous rangeons à l'opinion d'O. Müller qui tient
cette donnée pour exacte avec cette restriction
que le pouvoir des Éphores, très faible à l'origine et limité à la police urbaine, ne reçut que
plus tard le grand développement qu'on sait. Ce
qu'il y avait d'important dans l'institution des
Éphores, c'est que ces magistrats sortaient de
l'assemblée des hommes libres, sans aucune
condition de cens ni de naissance et représentaient directement le Δῆμος (3), et que surtout ils

(1) Ce point important de la constitution politique de
Sparte ressort avec évidence de la comparaison de ces passages de la politique d'Aristote, l. VIII, ch. V, § 8, l. II,
ch. VI, § 14-15, c. III, § 10, l. VI, c. VII, § 5, Cf. Diodor.
Sicul., l. XI, c. 50

(2) L. I, 65.

(3) Aristote, passages cités. Il ajoute que le mode d'élection
des Ephores était aussi puéril que celui des Gérontes. Notez
aussi le passage où Aristote représente Lycurgue comme sorti
de la classe moyenne (Politic., l. VI, c. IX, §§ 9 et 10).

correspondaient à une nouvelle division de la
cité en cinq tribus locales, division qui devait
devenir peu à peu prédominante.

Lycurgue ne supprima pas les anciennes tribus
et phratries ethniques, car dans les idées des anciens on n'aurait pas pu les détruire sans abolir en
même temps les cultes particuliers qui étaient le
lien intime de ces aggrégations, et attirer par-là
sur la nation entière la vengeance redoutable de
ces divinités offensées (1). Lycurgue se borna à
affaiblir leur rôle politique. Il l'affaiblit surtout
en donnant pour base à l'armée les *Syssities* ou
réunions des quinze personnes qui prenaient part
ensemble aux repas publics. L'identité des *Syssities* militaires avec ces *tables* est aujourd'hui
complètement démontrée. Nous reviendrons tout
à l'heure sur l'importance politique qu'avaient
les repas publics à Sparte. Il suffit ici de remarquer que cette organisation servant de base à
l'armée, les Spartiates ne combattirent plus
comme dans les temps anciens rangés par *Phratries* et γένη, le parent à côté du parent, le client

(1) Les Spartiates avaient là-dessus les mêmes croyances
que les autres Grecs. Nous dirons plus loin l'importance
qu'avait chez eux le culte des ancêtres. Ils rendaient des honneurs à de nombreux héros, à Astrabacus, Hérodote, VI,
69 ; à Maton, Daton, Keraon, Hyacinthe, Athénée, l. II, p.
39, l II, p. 139. V. d'autres ex. dans Pausanias. Lycurgue
reçut les honneurs divins après sa mort, Hérodote, I, 66.

à côté du chef, ainsi que l'a cru O. Müller, mais dans un ordre organisé d'après ces petites aggrégations qui se recrutaient par le choix unanime de tous les convives et sans avoir plus aucun égard aux relations de parenté (1). Il n'y a pas lieu de s'étonner qu'après Lycurgue les tribus et les phratries ethniques aient continué à subsister. L'histoire romaine nous présente deux exemples de la conservation des anciennes divisions à côté des nouvelles qui représentaient la forme politique de l'avenir. Quand Servius-Tullius organisa une sorte de timocratie basée sur les centuries militaires, il laissa subsister les trois tribus des Rhamnenses, des Tatienses et des Luceres. Plus tard, la constitution politique reposa sur les tribus locales, alors que les centuries et même les curies et les *Gentes* conservaient encore un rôle secondaire dans l'État.

Comme conséquence de l'affaiblissement des relations de gentilité, Lycurgue diminua la durée des impuretés légales résultant de la mort, la

_____

(1) La démonstration de l'identité des Syssities militaires avec les Syssities civiles (Hérodote, I, 65 ; Polyæn, II, 3-11) a été faite dernièrement d'une façon définitive par M. Bielchowsky, dans un opuscule intitulé *de Spartanorum Syssitiis Vratislaviæ*, 1869. M. Caillemer a mis en relief les principales idées de cet opuscule dans un important article publié dans *la Revue critique d'Histoire*, nº du 30 octobre 1869.

longueur des deuils, la magnificence des funé-
railles ; en un mot, tout ce qui dans la religion
domestique pouvait servir de réunion trop fré-
quente et trop marquante aux anciennes aggrégations (1). Il pouvait y voir aussi l'avantage
d'affaiblir les impressions de crainte qui s'atta-
chent naturellement à la mort, et qu'il fallait
autant que possible éloigner de l'âme d'un peuple essentiellement guerrier.

La guerre et la conquête : voilà les grands
ressorts de l'établissement de Lycurgue. Il passait
pour l'auteur de la tactique spartiate ; mieux que
cela, il avait laissé à ses compatriotes un esprit
de politique guerrière, dans lequel ils ne furent
surpassés que par les Romains. Au milieu de la
guerre du Péloponèse, Brasidas disait : « Nous
« sommes un petit nombre au milieu d'une
« foule d'ennemis, nous ne pouvons nous
« maintenir qu'en combattant et qu'en étant
« vainqueurs (2). »

Le génie de Lycurgue consiste à avoir compris
la force prépondérante qu'une cité organisée
militairement pouvait acquérir au milieu des
peuples divisés de la Grèce, et à avoir merveil-
leusement approprié toutes les institutions à ce

(1) Plutarch. *Lycurg.*, XXVII *Instituta Laconic.* 18.
Apophtegm. Laconica, *Lycurg*, 26. Héraclide de Pont, II,
8, dans le t. II des fragments des historiens grecs, de Didot.
(2) Thucydide, IV, 126.

but. Il mérite en définitive le même genre d'admiration qui s'attache au fondateur de la secte des *Haschischins*. C'est là le trait original de sa physionomie, et ceux qui en ont fait un philosophe égalitaire, à la manière des Platoniciens ou des Stoïciens du III° siècle, l'ont complètement défigurée.

Aristote, Platon, tous les anciens disent très nettement que les lois sur l'éducation et les repas publics étaient conçues en vue de la guerre et de la domination. Jusqu'à la virilité, les jeunes gens étaient isolés de leurs parents et soustraits à toute influence de leur part. L'État, la patrie devaient être avant tout dans leur pensée, et en même temps on les pliait à une obéissance passive vis-à-vis du corps gouvernant (1). Arrivés à l'âge mûr, alors que fondant eux-mêmes une famille, des intérêts et des sentiments particuliers eussent pu se développer chez eux, des institutions très énergiques entretenaient dans leur âme un patriotisme farouche qui frappait d'étonnement les anciens eux-mêmes, quelque grande que fût partout alors l'absorption de la famille et de l'individu par l'État.

(1) Aristote, *Politiq.*, l. IV, ch. II, § 5, ch. XIII, § 10 (éd Barthélemy Saint-Hilaire). *Ethic.*, l. X, c. 9, § 13 (éd. Didot). Platon, *Lois*, l. I, *passim*. Xénophon, G¹ de Lacedem., c. VI. Isocrate, *Panathenaic*, *passim*. Plutarch. *Lycurg.*, c. 16-24.

Les repas publics, si fameux chez tous les historiens, étaient la pierre angulaire de tout le système.

Ces repas, sous les noms divers de *syssities, phidities; andries*, étaient une des institutions les plus anciennes et les plus répandues dans le monde Helléno-Pélasgique: ils consistaient en une sorte de cène dans laquelle les citoyens se partageaient les victimes offertes aux dieux de la cité et entretenaient par cette espèce de communion le lien religieux et social qui les faisait membres de la même cité. M. Fustel de Coulanges qui, dans son beau livre sur *La Cité antique*, a admirablement fait ressortir le caractère religieux du droit public et privé des anciens, nous paraît exagérer une idée juste en présentant les fameux repas publics de Sparte comme n'ayant pas d'autre portée que les repas sacrés des autres villes grecques, d'Athènes notamment. Sans doute ils avaient un caractère religieux et se rattachaient au culte de la cité, sans doute encore il est absurde de s'imaginer les Spartiates vivant et mangeant toujours en commun (1), mais il est non moins certain que Lycurgue avait transformé dans un but politique et militaire

(1) *La Cité antique*, p. 194 et suiv. Denys d'Halicarnasse, l. II., c. 23, compare les phidities spartiates aux repas sacrés des curies à Rome. Cf. Hérodote, l. VI, c. 57.

l'institution qui existait dans le vieux droit religieux.

En l'absence complète de lois écrites, les coutumes et les anciennes mœurs se conservaient et se propageaient dans ces repas où les vieillards avaient seuls le droit de prendre la parole et où les gérontes, les hommes les plus riches et les plus considérables, les rois eux-mêmes ne pouvaient se dispenser de se rendre. Dans la cité spartiate il n'y avait point d'assemblée publique où l'on délibérât. Les citoyens ne pouvaient voyager et les étrangers n'étaient admis qu'autant que les magistrats jugeaient leur présence inoffensive; les rhéteurs, les écrivains étaient proscrits et l'on n'avait encouragé quelques poètes, comme Tyrtée et Terpandre, qu'autant qu'ils s'étaient faits les instruments de la politique gouvernementale (1); l'éducation de la jeunesse était également entre les mains des magistrats : dans un système si bien lié, aucune idée nouvelle ne pouvait arriver aux jeunes générations, et elles devaient recevoir facilement les impressions que les anciens s'appliquaient à leur donner dans ces repas, où la simplicité de la table n'excluait pas une certaine mise en scène. Lisez dans

_____

(1) Sur cet emploi politique des poètes dans le Gouvernement de Sparte, v. Plutarch. *Lycurgue*, o. IV, c. VI. *Institut. Laconic.*, XVII. Clément d'Alexandrie-Stromates, l. I (sur Terpandre).

Athénée les extraits des auteurs qui avaient écrit sur ce sujet et vous vous convaincrez que c'est là que se sont produits tous ces apophtegmes laconiens qui étaient la tradition vivante de la cité et dans lesquels les anciennes coutumes prenaient une forme dramatique éminemment propre à frapper les esprits (1).

Mais les repas publics avaient encore une portée plus large, qu'Aristote a indiquée dans ces termes expressifs: « Le législateur en Crète et à « Lacédémone a rendu commune la jouissance « des richesses par les repas publics (2). »

Dans les constitutions aristocratiques, où le pouvoir appartenait à une minorité, la concorde entre les membres de cette minorité était la condition essentielle de la conservation du gouvernement. Démosthènes l'a dit avec un grand éclat de parole: « Dans les oligarchies la concorde ne « s'obtient que si tous ceux qui sont maîtres « de l'État sont placés sur un pied d'égalité, « tandis que dans les démocraties la liberté popu- « laire est sauvegardée par l'émulation qui porte « les citoyens éminents à se disputer les hon- « neurs donnés par le peuple (3). »

Cette sorte d'égalité reconnue nécessaire aux

(1) Athénée, l. IV, ch. VIII et IX, éd. Casaubon. Plutarq., *Lycurg.*, X, XII Xénophon, *G' de Lacédémone*, c. V, X,

(2) *Politiq.* l. II, ch. II, § 10.

(3) Démosthènes *contre Leptine*, § 107, éd. Didot.

aristocraties consistait non seulement dans une
égale participation aux honneurs publics, mais
encore dans une espèce d'égalité sociale qui sup-
primait ou au moins atténuait les froissements
résultant de la différence de naissance ou de
fortune. L'établir et la maintenir était pour les
législateurs anciens un difficile problème qu'ils
avaient essayé de résoudre par différentes combinaisons.

✝ Un groupe d'anciens législateurs, au milieu
desquels on distingue Phidon à Corinthe et Philolaüs à Thèbes, avaient voulu obtenir ce maintien du corps aristocratique par une certaine
égalité des possessions foncières, non pas en
remaniant la division du territoire par des partages — on n'a pas d'exemple de pareil partage
avant les révolutions démagogiques du IIIᵉ siècle — mais en posant un maximun à l'acquisition
des biens et en prenant des mesures pour que
le nombre des familles et des lots de terre de-
meura toujours le même. Ils arrivaient à ce
résultat par des lois somptuaires, par la défense
d'aliéner le patrimoine, enfin par des règlements
sur la population qui prévenaient les excédants
de naissance. Par ces divers moyens les familles
qui formaient le corps politique (πολίτευμα) conservaient le même état de fortune; car l'appau-
vrissement de la minorité gouvernante en présence de l'enrichissement des classes exclues du

pouvoir était le grand écueil de cette forme politique (1).

‡ Lycurgue n'eut pas recours aux mêmes procédés. Aristote lui reproche formellement d'avoir été inconséquent avec le principe de sa constitution en ne pas prévenant la concentration des patrimoines, en ne pas faisant de règlements sur la population, enfin en ne pas soumettant les femmes à une discipline publique (2).

† Il s'était inspiré de préférence de l'exemple des cités crétoises qui, elles aussi, étaient constituées aristocratiquement et avaient le même besoin d'égalité, mais qui ne cherchaient nullement à atteindre ce but par la limitation de la richesse. Les cités crétoises possédaient un communal très étendu, cultivé par une classe spéciale de serfs, dont les produits pourvoyaient exclusivement aux repas publics et servaient, en outre, à nourrir les familles des citoyens. Indépendamment de leur fortune privée, tous les citoyens étaient donc assurés d'une certaine subsistance par ce droit de jouissance. Des moyens très énergiques pour prévenir l'accroissement de la

---

(1) Des lois semblables existaient à Locres, à Leucade et dans beaucoup d'autres villes. Le caractère de ces anciennes législations est mis en relief par Aristote, *Politique*, l. II, ch. IV et V.

(2) *Politique*, l. II, ch. VI, § 8, § 10, § 18. Cp., l. II, ch. III, § 5.

population rendaient fixe cet état de choses (1).

Le communal de Sparte était assez étendu ; seulement, il consistait presque exclusivement en montagnes forestières qui procuraient aux Spartiates le plaisir de la chasse fort apprécié par eux (2), mais dont le revenu était insuffisant pour pourvoir aux repas publics. Chaque citoyen y contribuait pour sa quote-part avec les revenus de son fonds. Plutarque indique le nombre de médimnes eginétiques d'orge et d'huile qu'ils devaient apporter par mois à la table commune. La chère qu'on y faisait était très frugale et ne recevait de complément qu'avec les produits accessoires de la pêche et de la chasse, recueillis sur les communaux. Dans ces conditions, l'institution des repas publics, à Sparte, était moins égalitaire qu'en Crète, Aristote le constate expressément (3).

Aussi Lycurgue pour maintenir la cohésion dans la cité promulgua les lois somptuaires les plus énergiques. Ce genre de règlements était fort en honneur dans les états grecs, et Aristote

(1) Sur les institutions crétoises. Aristote. *Politiq.*, l. II, c. VII. V. Athénée, l. XV, c. 15, chanson d'Hybrias Crétois.

(2) Hérodote, l. VI, 57. Pausanias, l III, ch. 20. Platon, *Lois*, l. I, p. 269, édit. Didot. La plus part des cités grecques avaient laissé les forêts et les montagnes dans le domaine collectif, et cela dans un but d'aménagement et de conservation pour les sources et les bois.

(3) Aristot. *Politiq.*, l. II, ch. VI, § 21, ch. VII, § 4.

montre leur utilité dans les établissements aristocratiques où ils maintenaient les fortunes et
prévenaient bien des inimitiés intestines. Il en
existait à Marseille, et Solon en avait porté à
Athènes. A Corinthe, Périander, un siècle environ
après Philolaüs et probablement lorsque des
changements dans le niveau des fortunes ten-
daient à troubler l'ordre politique que ce dernier
avait établi, Périander, disons-nous, établit une
magistrature chargée de punir ceux qui auraient
un train de dépense plus fort que ne le comportait
leur fortune. C'était bien indiquer le but essentiellement conservateur des lois somptuaires (1).

Mais nulle part ces lois ne furent plus précises
ni plus longtemps observées qu'à Sparte. Lycurgue avait été jusqu'à défendre aux citoyens la
possession des métaux précieux : ils étaient réservés au trésor de l'État alimenté par les tributs
des Périœques que cette défense n'atteignait pas,
non plus que le reste de la discipline civique (2).

Xénophon, Thucydide, Platon constatent le

(1) Strabon, l. IV, ch I, § 5 Aristote. *Politiq.* l. VI, c.
XII, § 9, l. VII, ch V, § 13. Sur Périander. V Héraclide
de Pont πολιτεια Κορυνθιων dans le t. II des *Fragments des
historiens grecs* de Didot.

(2) Sur la défense faite aux citoyens de posséder des métaux
précieux. V. les remarquables observations d'O. Müller t. II,
p. 206 à 211. M. Grote partage complètement ses appréciations.

résultat de ces lois par ces paroles expressives,
« qu'il n'y avait plus à Sparte aucun avantage
« à être riche (1). » Enfin comme conséquence
de la fraternité qui devait exister entre tous les
citoyens, chacun pouvait librement se servir des
esclaves, des chevaux, des chiens de chasse et
même des menues provisions d'autrui (2).

Telle était l'égalité qu'avait établie Lycurgue.
S'il ne s'était pas préoccupé de limiter la population et si en dehors des lois somptuaires il
n'avait pas pris d'autres mesures pour maintenir
la fortune des familles, c'est qu'il comptait sur la
guerre pour agrandir le territoire, augmenter le
nombre des citoyens et leur assurer une richesse
suffisante à l'accomplissement de leurs devoirs
civiques. Mais aussi, quand les conquêtes qui
firent la prospérité de Sparte ne furent plus possible, sa chûte fut aussi irrémédiable que rapide.

Ajoutez à cela le développement qu'il avait
donné aux jeux publics et qui faisaient du temps
de paix comme une fête perpétuelle, et vous aurez
une idée de la communauté de plaisirs et d'habitudes sociales qui devait atténuer la différence
résultant de l'inégalité des richesses.

(1) Thucydide I. 6 Xénophon Gt de Lacédémone, c. VIII.
Platon lois, t III, t. II. p. 313, éd. Didot.

(2) Aristot. Politiq t II, ch. II, § 5 Xénophon, op.,
c. VI et VII.

III.

DU PARTAGE DES TERRES ATTRIBUÉ A LYCURGUE.

Les érudits du dernier siècle acceptaient et reproduisaient sans observation le récit contenu dans Plutarque (Lycurgue, c. VIII et IX), selon lequel le réformateur aurait partagé toutes les terres de la Laconie en 36,000 parts égales et aurait ensuite échoué dans son projet de partager les richesses mobilières.

Dès que la critique moderne a examiné ce récit, elle y a reconnu plusieurs contradictions avec des faits historiques incontestables qui lui enlèvent toute valeur.

En premier lieu, au temps de Lycurgue, les Spartiates n'avaient pas achevé la conquête de la Laconie, le chiffre des 30,000 lots attribués aux Périœques et qui est en rapport avec le temps où ils étaient maîtres de la Messénie, est donc tout-à-fait faux. A cette même époque, les Grecs ne connaissaient pas la monnaie ; Lycurgue n'a donc pas pu la supprimer à Sparte. Enfin le territoire de la Laconie n'ayant pas partout la même fertilité, les lots ne pouvaient être absolument égaux si l'on voulait que le revenu le fût.

Devant ces erreurs bien évidentes, Ottf. Müller et les écrivains qui l'ont suivi, ont abandonné les détails du récit de Plutarque, mais ils l'ont admis en ce sens que selon eux Lycurgue aurait partagé également le territoire qu'avaient alors les Spartiates; le chiffre de 39,000 lots n'aurait été atteint que plus tard après la conquête de la Messénie.

M. Grote va plus loin : et selon nous il a démontré d'une façon péremptoire que le partage des terres attribué à Lycurgue était une falsification historique. Nous allons reprendre ses deux grands arguments, à savoir, que tous les auteurs antérieurs à Polybe sont muets sur ce point et qu'au contraire les récits les plus authentiques montrent l'inégalité des fortunes existant à Sparte dès les temps les plus anciens. Nous rechercherons ensuite comment une pareille erreur a pu pénétrer dans l'histoire.

§ I. — *Les auteurs anciens, antérieurs au IIIe siècle avant J.-C., n'ont pas connu le partage des terres attribué à Lycurgue.*

Nous avons déjà signalé le silence capital d'Hérodote et d'Hellanicus, c'est-à-dire des historiens les plus anciens et les plus sûrs. Les écrivains du IVe siècle sont relativement à ce fait dans une ignorance non moins absolue.

Xénophon, ou l'auteur du traité sur le gouvernement de Lacédémone qui porte son nom (1), décrit avec un soin minutieux les institutions spartiates qu'il attribue toutes à Lycurgue, mais il ne dit pas un mot du partage des terres ; il l'exclut même implicitement par cette conclusion d'un de ses chapitres (le VII⁰) : « Pourquoi « quelqu'un eut-il cherché la richesse là où la

(1) L'authenticité du traité sur le gouvernement de Lacédémone, niée par quelques auteurs, est soutenue par beaucoup d'autres (V Boeck, *Économie politique des Athéniens*, t. I, note 175. T. II, note 82, traduct. française. Daunou, *Cours d'Études historiques*, t. XI, 5⁰ leçon. Cpr. Trieber, *Quæstiones Laconicæ*, in-8⁰, Berlin, 1867). Quelque parti que l'on prenne sur cette question, cela n'enlève rien à la valeur des arguments que nous tirons de cet opuscule. Sa haute antiquité est parfaitement reconnue. M. Rud. Lehmann, dans une dissertation spéciale publiée à ce sujet à Greifswald (1853), l'attribue à un disciple d'Isocrate. Quelqu'il soit, l'auteur de cet écrit ne connaissait pas la légende qui attribuait un partage des terres à Lycurgue, ou bien il ne la jugeait pas même digne d'être mentionnée. Strabon, qui pour l'histoire de Sparte a suivi exclusivement Ephore, garde un silence semblable et est par là même une autorité de plus en notre sens. (Strabon, l. VIII, ch V, sur la Laconie, comparé avec l. X, ch IV, §§ 16 à 22, sur la Crète et ses institutions). Ajoutons que rien dans les écrits authentiques de Xénophon ne contredit les données du traité du Gᵗ de Lacédémone. Dans les *Dits Mémorables*, l. IV, ch. IV, § 15, il y a un jugement sur la législation de Lycurgue où Socrate ne dit pas un mot du partage des biens : il le loue seulement d'avoir établi la concorde nécessaire aux aristocraties.

« manière de vivre devait être égale pour tous. »
L'on ne peut échapper à l'argument tiré du silence si remarquable de ce traité *ex professo* sur le
gouvernement de Sparte, en disant que du temps
de Xénophon les effets du partage de Lycurgue
étaient complètement effacés. Cet écrit, tout à fait
de la même nature que la Cyropédie, a pour but
de tracer l'idéal d'un gouvernement aristocratique où les hommes soient conduits à la vertu par
la force des institutions. Si l'égalité des possessions y eût jamais existé, Xénophon l'eut certainement mise en relief : son silence prouve bien
que de son temps cette donnée historique était
complètement inconnue. Ses contemporains,
Isocrate, Platon, Aristote, se faisaient exactement la même idée que lui des institutions spartiates.

Platon, partisan de la communauté et de l'égalité des biens, admirateur systématique de la
race dorienne, devait sans nul doute invoquer
en faveur de ses idées l'imposante autorité de
Lycurgue. Il n'en est rien. Dans le troisième
livre des *Lois* il parle longuement des Lacédémoniens et de leur établissement dans le Péloponèse. Ils eurent selon lui le grand avantage
de pouvoir à leur arrivée partager également les
terres, ce qui est l'objet de difficultés insurmon-
tables pour les législateurs qui ont à donner une
constitution à des cités déjà établies. Platon ne
connaît à Sparte d'autre partage des terres que

celui qui a suivi la conquête et il a si peu l'idée d'un nouveau partage fait par Lycurgue qu'immédiatement il ajoute que Sparte seule des trois cités doriennes du Péloponèse a conservé sa constitution. Un peu plus loin, il loue l'égalité spartiate absolument au même point de vue que Xénophon : « La grande gloire de la cité lacédé- « monienne est qu'aucun honneur ou genre de « vie particulier ne s'attache à la richesse plus « qu'à la pauvreté ou à la condition royale plus « qu'à la condition privée (1). »

Tous les écrivains de cette époque avaient les mêmes notions sur la constitution de Sparte. Ainsi, Isocrate dans le *Panathénaïque* met en scène un partisan des institutions lacédémonien- nes *(philolaco)*, qui dit à l'avantage de Sparte qu'elle n'a jamais connu γης αναδασμον, preuve évidente que dans la pensée d'Isocrate Lycurgue n'avait pas touché aux propriétés privées, dont les titres remontaient à la conquête même (2).

Mais c'est surtout Aristote qui est décisif. Dans son grand ouvrage sur la politique, il a consacré un chapitre entier à la constitution lacédémo- nienne (liv. II, ch. VI), et dans le cours des livres suivants, il y revient sans cesse pour la comparer avec celle des autres cités. Or, dans aucun pas- sage, il ne parle du partage des terres ni de

---

(1) Lois, t. II, p. 304 et 313, éd. Didot.
(2) *Panathenaïq.*, t. II, p. 606.

l'égalité des possessions foncières comme base des institutions de Sparte ; il l'exclut même formellement par des assertions inconciliables avec cette donnée.

« Un autre défaut, dit-il, qu'on peut ajouter
« à ceux-là dans la constitution de Lacédémone,
« c'est la disproportion des propriétés : les uns
« possèdent des biens immenses, tandis que les
« autres n'ont rien ; le sol est entre les mains
« de quelques individus ; *ici la faute en est à la*
« *loi elle-même.* Elle a bien attaché, et avec
« raison, un déshonneur à la vente et à l'achat
« des propriétés, mais elle a permis de disposer
« arbitrairement de son bien....... (1). »

Voilà l'inégalité des biens présentée comme découlant directement des lois ! Un peu plus loin, après avoir constaté la diminution de la population et les lois faites en faveur des nombreuses familles, Aristote dit que le meilleur remède serait d'établir l'égalité des biens (2). Or, si Lycurgue avait fait de l'égalité des biens la base de sa constitution, c'eut été assurément le cas d'invoquer ici son autorité (3). Mais Aristote ignorait

(1) L. II, ch. VI, § 10. Cf., l. VIII, ch VI, § 7, ch. X, § 5.

(2) L. II, ch. VI, § 12.

(3) On ne peut pas dire, en se fondant sur ce que certains traits de la description d'Aristote sont particuliers à son époque, qu'il n'a pas voulu parler des temps anciens et de la

si complètement la légende du partage des terres
par Lycurgue, qu'il attribue à Phaléas de Chal-
cédoine, écrivain bien postérieur, la première
idée de baser une constitution sur l'égalité des
biens (1). La comparaison qu'il fait de la constitution crétoise avec celle de Sparte, et que d'après
Polybe tous les écrivains de cette époque, Callisthène, Éphore, Platon faisaient à l'envi, est non
moins significative. « Le législateur, dit-il, en Crète
« et à Lacédémone, a rendu la jouissance de la
« richesse commune par l'établissement des Sys-
« sities (2), » remarque qui serait dépourvue de
tout sens si l'égalité des possessions foncières
avait jamais existé à Sparte. Il en est de même
de cette autre assertion :

« Bien des gens soutiennent que la constitution
« lacédémonienne est une démocratie, parce
« qu'en effet on y découvre des éléments démo-
« cratiques, par exemple l'éducation commune
« des enfants qui est la même pour les riches et

vieille constitution de Lycurgue. Dans maints passages, il
oppose l'ancien esprit spartiate aux innovations récentes, et
constate que, jusqu'à la bataille de Leuctres, les Spartiates
avaient conservé les lois de leur législateur primitif (l. IV,
ch. XIII, § 11). Il nomme au moins cinq fois Lycurgue
(l. II, ch. VI, § 8, ch. VII, § 1, ch. IX, § 1, 5, l. VI, ch.
IX, § 10. (Ses notions paraissent tirées d'Hérodote), et il le
désigne souvent indirectement par l'expression ὁ νομοθέτης.

(1) L. II, ch. IV, § 1.
(2) L. II, ch. II, § 10. Cf, ch. VII, sur la Crète.

« pour les pauvres, la discipline pareille imposée
« aux jeunes gens et aux hommes, sans aucune
« distinction du riche et du pauvre, puis l'égalité
« parfaite des repas communs, l'identité de
« vêtement qui laisse le riche absolument vêtu,
« comme un pauvre pourrait l'être (1). » Cette
citation, si on a soin de la rapprocher des paroles
presque semblables de Xénophon, de Thucydide,
de Platon, montre que tous les écrivains de cette
époque avaient puisé leurs notions sur Sparte à
la même source, et qu'ils s'en faisaient une idée
qui exclut complètement le partage des terres et
l'égalité des possessions.

Aussi Polybe qui, cent cinquante ans après,
regardait ces deux faits comme incontestables,
s'étonne de ce que ses devanciers les aient laissés
dans l'ombre. Voici ses propres paroles :

« Les écrivains les plus érudits de l'antiquité,
« Éphore, Xénophon, Callisthène, Platon, ont
« dit que les institutions de la Crète étaient
« semblables à celles de Sparte. Éphore se sert
« des mêmes expressions pour les décrire, les
« noms propres seuls sont changés; et cepen-
« dant les différences sont notables. Ces mêmes
« auteurs reconnaissent comme propre à Sparte
« que personne ne peut avoir une plus grande
« étendue de terre qu'un autre, et que tous les
« citoyens ont une part égale du territoire public.

(1) L. VI, ch. VII, § 5.

« Autre différence : A Sparte l'argent n'a aucun
« pouvoir, aucune dissension fondée sur l'oppo-
« sition des intérêts ne peut s'élever, parce que
« Lycurgue a détruit la cupidité jusque dans sa
« racine....... En Crète, au contraire, les lois
« permettent à chacun d'étendre ses possessions
« autant qu'il le veut, et l'argent est si estimé
« qu'en gagner est non seulement nécessaire
« mais encore honorable (1). »

C'est là assurément une opinion bien tranchée.
On remarquera que Polybe accuse d'inconsé-
quence Platon, Xénophon, Éphore, inconsé-
quence grossière qui serait bien surprenante
chez de pareils écrivains. Les critiques de Polybe
ont d'autant moins de portée qu'il est parfaitement prouvé qu'il ne connaissait pas la politique
d'Aristote (2). Or, il est en contradiction formelle
avec elle sur deux points : d'abord sur l'égalité
des possessions foncières comme base de la constitution, puis sur la façon dont les Spartiates esti-
maient l'argent. Aristote nous les montre pleins
de cupidité et son témoignage est confirmé par
plusieurs autres (3).

(1) Polybe, l. VI, ch. 45, 46, 47, éd. Didot.
(2) Barthélemy Saint-Hilaire, introduction à la politique
d'Aristote, p. LXXI. Nous ne trouvons non plus dans les
écrits de Xénophon et de Platon rien qui justifie l'opinion que
Polybe leur attribue sur l'égalité des biens à Sparte.
(3) Politiq , l. II, ch. VI, §§ 9, 14, 10.

C'est donc entre ces deux graves autorités que le débat s'engage. Indépendamment de sa valeur propre, Aristote a sur Polybe l'avantage d'avoir pu être mieux informé. Il a vu Sparte dans sa décadence il est vrai, mais à une époque où la constitution de Lycurgue était encore en vigueur, tandis que Polybe qui vivait cent cinquante ans après n'a connu Sparte qu'après les bouleversements d'Agis, de Cléomènes, de Nabis, qu'après ces partages de terre faits à l'aide du nom de Lycurgue dont on invoquait l'autorité, probablement à l'aide de falsifications historiques dont lui-même aura été la dupe (1).

(1) Pour achever la revue de tous les historiens anciens, il faut ajouter que Cicéron, qui dans de nombreux passages parle de Lycurgue et de la constitution lacédémonienne, ne fait jamais aucune allusion au partage des terres et à l'égalité des possessions foncières. Il y a même deux textes de lui : de Officiis, l. II, ch. 23, et de Republica, l. III, ch. IX, qui s'accorderaient très mal avec ces données s'il les avait tenues pour vraies. Il paraît d'ailleurs avoir emprunté ses notions sur le gouvernement de Sparte, à Théopompe, à Xénophon et à Aristote dont il connaissait la Politique. Le choix des sources fait par Cicéron a d'autant plus de valeur qu'il connaissait très bien les écrits de Polybe. Quant à Tite-Live, c'est bien certainement dans Polybe qu'il a puisé l'idée qu'à Sparte les terres avaient été partagées également par Lycurgue (l. XXXIV, ch. 31, et l. XXXVIII, ch. 34). Une mention semblable mais très rapide se trouve dans Justin (l. III, ch. 3), et s'il était prouvé qu'il l'a tirée de Théopompe elle aurait une plus grande portée, mais Justin et Trogue Pompée sont loin de n'avoir puisé qu'à cette source.

Si dans ces conditions, le témoignage de Polybe ne suffit pas pour nous faire admettre le partage des terres attribué à Lycurgue, à plus forte raison doit-il en être ainsi, alors que :

§ II. — *Une série de faits dûment constatés montrent l'inégalité des richesses comme ayant toujours existé à Sparte.*

Dans le chapitre suivant consacré aux lois civiles, nous verrons que toutes les institutions qu'on a prétendu avoir été conçues par le législateur dans le but de maintenir l'égalité des biens (*droit d'aînesse — Indivisibilité de lots de terre*), n'ont réellement pas existé et qu'en définitive aucune mesure propre à atteindre ce but n'avait été prise. Or, il serait très invraisemblable qu'une législation aussi énergique et aussi bien liée que celle dont on fait honneur à Lycurgue, eût pris pour base l'égalité des possessions foncières, alors qu'au bout d'une génération cette égalité devait être nécessairement détruite par le cours naturel des choses, par la différence du nombre des enfants dans les familles et par le fonctionnement du droit de succession en ligne collatérale.

Nous avons dit que Lycurgue laissa subsister les anciennes divisions ethniques dont le γένος était le fondement ; nous avons vu que les Gé-

rontes étaient choisis dans les anciennes familles,
nous recueillerons plus loin les traces du maintien de l'organisation et des coutumes propres à
certains γένη. Dès les plus anciens temps de
Sparte, l'histoire mentionne des hommes mar-
quants par leur noblesse, leur naissance, leur
influence (1). Or, pour quiconque connaît l'organisation du γένος, ou se rend compte au moins
des conditions auxquelles de grandes familles se
maintiennent dans un État, il est évident que
la possession égalitaire de tous les biens-fonds
était une chose impossible.

Enfin, voici une série de témoignages remon-
tant aux siècles qui ont suivi Lycurgue et allant
jusqu'au temps de Lysander, d'où il ressort qu'en
fait, de grandes inégalités de fortune existaient
chez les Spartiates. Au VIᵉ siècle avant J.-C., le
poète Alcée met dans la bouche d'Aristodemos,
s'adressant aux Spartiates, ces paroles significa-
tives : « La richesse fait l'homme, aucun homme
« pauvre n'est considéré comme bon ni estimé. »

Tyrtée, pendant la guerre de Messénie, avait dû
employer son influence pour calmer les plaintes
des citoyens pauvres qui demandaient à partager
les terres.

Thucydide, parlant de l'état de choses antérieur
à la guerre du Péloponèse, dit qu'à Lacédémone

(1) Pausanias, l. III, ch. II, § 7. Thucydide, IV, 108;
V, 15.

les riches s'assimilent à la simplicité des pauvres sous le rapport du vêtement et des habitudes journalières. A propos des repas publics, Molpis a une remarque tout-à-fait semblable et qui se rapporte sûrement aux temps où la discipline spartiate était en pleine vigueur (1).

Hérodote et Thucydide racontent plusieurs faits qui nous montrent des riches à Sparte, notamment des gens qui faisaient courir aux jeux d'Olympie, ce qui suppose une grande fortune (2).

Ottfried Müller, à qui cette masse de témoignages n'était pas inconnue, a essayé de les concilier par quelques explications dont l'insuffisance est évidente ; il voit une première source d'inégalités dans la différence de fertilité des lots de terre : « Ces inégalités, ajoute-t-il, durent « devenir plus évidentes avec le cours du temps « par les changements naturels du sol et surtout « par rapport aux esclaves liés au sol. *Cepen-* « *dant on posait toujours le* PRINCIPE DE L'ÉGA- « LITÉ QUI ÉTAIT UN PRINCIPE NATIONAL. *Cette* « *égalité des biens était une application dérivée*

---

(1) Alcée fragm. 44. Ed. Schneidewin. Cf. Pindare Isthmiques II, 15 ; Aristote, *Politiq.* l. VIII, ch. VI, § 2 ; Thucydide, I, 5 et 6 ; Molpis dans Athénée, l. IV, c. VIII, p. 141 ; Xénophon, G¹ *de Lacédem.* c. V, 3.

(2) Hérodote, VI, 61, VI, 103, VII, 134 ; Thucydide, V, 50 ; Pausanias, l. III, c. 13, § 1.

« de la communauté des biens que les ordres py-
« thagoriques s'efforçaient d'appliquer, d'après
« le principe κοινα τα των φιλων (1). » Mais ce principe national des Doriens n'a jamais été appliqué
à Argos ni à Messène, et au temps de Lycurgue
il n'était pas question du Pythagoricisme qui se
lie à un vaste mouvement d'infusion des cultes
orientaux. Ici, le roman du Dorisme a obscurci
la vue ordinairement si juste d'Ot. Müller.

On ne peut pas davantage expliquer ces grandes
inégalités de fortune, par ce fait que Lycurgue
n'avait pas partagé la richesse mobilière. Ce
serait méconnaître les conditions économiques
générales des cités anciennes, où la richesse
mobilière était peu importante comparée aux
immeubles, et surtout celles spéciales aux Spartiates qui ne pouvaient se livrer ni au commerce,
ni à l'industrie, ni à l'exploitation rurale. Ces
grandes fortunes consistaient dans une vaste étendue de terres et dans un grand nombre d'Hilotes
qui payaient la redevance (2). Ces revenus, les
riches Spartiates de l'ancien temps ne les em-
ployaient pas à ces jouissances de vêtements ou
de table, mais ils avaient un luxe politique, si

---

(1) *Die Dorier*, t. II, p. 191.

(2) La richesse en troupeaux et en chevaux de certains
Spartiates suppose la propriété de grands fonds de terre, car
il n'y avait pas de droits de parcours dans les forêts commu-
nales à ce que l'on croit.

l'on peut parler ainsi : ils entretenaient beaucoup d'esclaves à la maison (1), et des clients connus sous le nom de Mothaces, pour lesquels ils payaient la quote-part aux repas publics (2) ; ils élevaient des chevaux et, en temps de guerre, ils armaient de nombreux suivants d'armes (3) ; enfin, avec ces richesses et cette clientèle, ils obtenaient les magistratures dans les élections. C'était là, comme le remarque Aristote, l'élément oligarchique dans la constitution (4).

Après cette double démonstration, il ne reste rien du roman de Plutarque sur le partage des terres par Lycurgue, ni de la prétendue égalité de fortune dont a parlé Polybe. L'égalité, nous croyons pouvoir le redire, n'existait que dans les limites et sous les rapports que nous avons indiqués dans le chapitre précédent.

§ III. — *Comment ces fausses notions ont-elles pénétré dans l'histoire et surpris la critique de Polybe?*

Dans un des chapitres les plus remarquables de sa grande histoire, M. Grote a recherché les

(1) Thucydide, l. VIII, c. 40.
(2) Sur les Mothaces, V. *infrà.*
(3) V. notes précédentes et Xénoph., *Hellenic,* VI, 4, § 11.
(4) *Politiq.* l. II, ch. VI, § 19, Cf. Plutarch. *Lysandor,* 2, 19.

causes de ce soudain développement au IIIᵉ siècle avant J.-C. du rôle législatif de Lycurgue. Un fait incontesté a appelé son attention. Quand les rois Agis et Cléomènes voulurent accomplir à Sparte la révolution démagogique qui, à cette époque, se produisait dans presque toutes les villes grecques, — abolition des dettes, partage des terres ; — ils invoquèrent l'autorité de Lycurgue et partagèrent la Laconie proprement dite en 19500 portions, dont ils attribuèrent 15000 aux Périœques et 4500 aux citoyens. Cette division cadre exactement avec celle en 30000 portions que Plutarque raconte avoir été faite par Lycurgue et qui s'appliquait aux temps où la Messénie appartenait à Sparte. Il y a là un parallélisme très suspect et qui est évidemment l'œuvre de quelque publiciste officieux. Or, ce publiciste est parfaitement connu : c'est un philosophe stoïcien du nom de Sphœros qui, imbu des idées égalitaires de sa secte, avait poussé les rois Agis et Cléomènes à une révolution démagogique. Il y avait contribué par des écrits sur Lycurgue, et Plutarque reconnaît qu'il a puisé à cette source une partie de son récit. Les romans historiques étaient alors fort en vogue ; la *Cyropédie* en est resté le modèle achevé. Il n'y a rien donc que de très acceptable dans la supposition que Sphœros avait fait sur Lycurgue des romans où il le représentait comme procédant à des mesures agraires qui devenaient ainsi la justification des agissements des rois démagogues, ses disciples (1).

Mais, dans les récits authentiques sur Lycurgue, n'y avait-il rien qui ait pu servir de base à la falsification historique de Sphœros, et qui, plus tard, ait pu porter Polybe, Plutarque, Tite-Live, Justin à accepter la légende du partage des terres par Lycurgue? La grande majorité des érudits anglais et allemands, tous d'accord pour repousser le roman de Plutarque, se sont arrêtés à une tierce opinion, d'après laquelle un certain fonds de vérité aurait servi de fondement à toute cette superstructure romanesque. Le plus précis est M. Thirlwall qui suppose que : « Lycurgue « fit quelques règlements agraires tendant à une « égalité générale de la propriété foncière, mais « non un partage entièrement nouveau ; qu'il « peut avoir repris à des hommes riches des « terres dont ils s'étaient injustement emparés « sur les Argiens conquis, et qu'ainsi il procura « des lots aux citoyens pauvres et aux Laco- « niens soumis (1). »

(1) Sur Sphœros, V. Plutarq. *Lycurg*. V. *Cléomèn*. II, XI. Athenée, l. IV, c. VIII. Diogèn. Laert. VII.

L'opinion de M. Grote a été adoptée par Kopstadt, *De rerum laconicarum constitut. Lycurgeæ* Greifswald in-8°, 1849, par Lachmann, *Die Spartanische Staats-ver-fassung*.

(2) *Hist. des origines de la Grèce*, t. I, ch. VIII; Walch-smuth, *Hellenische Alterthumsk*, V. 4, 42, p. 217, et

M. Grote regarde comme puériles ces tentatives de conciliation, et il repousse avec une grande verve toute sorte d'interprétation, « d'après « laquelle on regarderait la fiction telle qu'elle « est maintenant, comme l'exagération de quel- « que fait peu important, et l'on essayerait de « conjecturer sans autre secours quel était le « petit fait. » Dans ces quelques lignes s'accuse la méthode si originale que M. Grote a apportée dans l'étude des antiquités. Il n'y a, selon lui, aucune certitude historique à dégager des récits mythiques ou légendaires, antérieurs à l'époque où ont vécu les historiens anciens : reproduire les légendes telles que les anciens les acceptaient eux-mêmes et avec l'impression qu'elles produi- saient sur leur esprit, telle est selon l'éminent érudit anglais la seule mission de l'historien moderne. Il y a, croyons-nous, dans ce *positi- visme historique* une réaction exagérée contre l'école des Niebhur et des Ottfried Müller ; et quoique M. Grote semble facilement triompher d'un adversaire qui n'apporte aucune preuve à l'appui de sa conjecture, un examen attentif des témoignages de l'antiquité nous a conduit à penser que réellement Lycurgue ou d'une façon générale le gouvernement spartiate avait rendu certaines lois agraires pour le partage des terres

Manso, *Sparte*, t. I, p. 110 à 121 avaient déjà avancé des idées analogues.

conquise, qui ont pu tromper les écrivains suivants :

Isocrate nous met sur la voie dans le passage suivant du *Panathenaïque* : « Après que les « Doriens eurent conquis le Péloponèse, les « Lacédémoniens furent livrés à des discordes « intestines, telles que nul autre peuple grec « n'en a éprouvé, *à ce que disent ceux qui ont* « *étudié avec soin leur histoire.* Les plus dis- « tingués d'entre les Spartiates ayant prévalu, « ils ne voulurent pas que leurs anciens adver- « saires vécussent dans la même ville et y jouis- « sent des mêmes avantages sociaux et politiques. « *Ils établirent entre eux une isonomie et une* « *sorte de démocratie telle qu'elle doit exister* « *entre ceux à qui une concorde perpétuelle est* « *nécessaire ;* quant au peuple, ils le réduisirent « à la condition de Périœques. Ayant fait cela, « cette terre que chacun eut dû posséder égale- « ment, ils la partagèrent de telle sorte que eux, « qui formaient le petit nombre, eurent non « seulement les meilleures terres mais encore « un territoire plus grand qu'aucune autre cité « grecque n'en a. Ils laissèrent, au contraire, un « territoire si étroit et si mauvais à la multitude « réduite au sort des Périœques, que c'est à « grand peine si à force de travail elle peut ga- « gner sa vie (1). »

(1) Isocrate, *Panathénaïq.* t. II, p. 646, éd. Auger.

Sans nous arrêter à l'opinion d'Isocrate sur l'origine des *Périœques*, qui se retrouve cependant dans Éphore (1), il ressort de son récit deux choses bien nettes : — Premièrement, que la réforme de Lycurgue a eu lieu au milieu des troubles qui se sont élevés entre les Doriens-Héraclides, peu après leur établissement. — (Isocrate se range ici à l'opinion d'Hérodote, de Platon et de Xénophon qui font Lycurgue presque contemporain des conquérants Héraclides, et les probabilités les plus grandes sont en faveur de cette opinion). — Deuxièmement, que les troubles, au milieu desquels Lycurgue accomplit son œuvre réformatrice, avaient pour objet le partage des terres conquises.

Il est vraisemblable que les chefs des races qui étaient en même temps les chefs militaires, avaient voulu accaparer toutes les terres conquises. — La mention d'Aristote qu'autrefois les rois de Sparte étaient propriétaires de tout le pays, est un souvenir de ce premier état des choses (2). — La masse des hommes libres résistait, les villes achéennes, avec lesquels des traités particuliers avaient été faits, profitaient de ces dissensions pour se relever. Lycurgue rétablit la concorde entre les Spartiates de naissance, rela-

_____

(1) Éphore dans Strabon, l. VIII, ch. V, fr. 18, fragments des historiens grecs de Didot.

(2) *Politiq.* l. VIII, ch. VIII, § 5.

cha les liens de tribu et de gentilité qui étaient devenus un moyen d'exploitation pour les chefs, « révolution intérieure à laquelle peuvent bien s'appliquer ces paroles d'Hérodote μετηστσ ε τα νομιμα παντα (1), » et enfin établit cette isonomie dont parle Isocrate, en conséquence de laquelle on enlevait aux riches les terres injustement détenues, pour répartir entre tous les guerriers les avantages de la conquête.

Autant l'idée d'un partage des terres fait dans le but d'établir l'égalité des conditions est difficile à admettre, quand il s'agit du IX° ou même du VII° siècle avant J.-C., à une époque où le droit de propriété était intimément lié à la religion des mânes et participait de son immutabilité, autant le règlement des droits des guerriers sur des terres conquises dont les chefs voulaient garder la jouissance exclusive, s'explique naturellement.

Si tel a été le but des lois agraires de Lycurgue, on comprend très bien que ce législateur ne se soit nullement préoccupé de maintenir l'égalité entre les fortunes : il n'avait pas à toucher au droit civil, et effectivement, il n'innova rien dans cette matière. Il avait réglé une situation troublée. C'était assez.

Il est non moins vraisemblable que Lycurgue, qui avait organisé toute sa cité pour la guerre et

(1) L. I, c. 65.

lui avait fait une nécessité d'existence de conquérir sans cesse de nouveaux pays, avait dû laisser des maximes pour le partage des terres que l'on conquerrait dans l'avenir. Il voulait que le nombre des citoyens augmentât, et comme l'exercice des droits civiques était subordonné au paiement d'une contribution aux syssities, force était de pourvoir les nouveaux citoyens sur les terres conquises.

Le roi Polydore menant les Spartiates à la conquête de la Messénie, leur disait qu'ils allaient dans un pays qui n'avait pas encore été partagé, et Strabon nous apprend qu'après la conquête, le pays fut l'objet d'un partage entre les vainqueurs (1). Dans cette même guerre, Tyrtée eut à apaiser un certain nombre de citoyens qui, ruinés par la guerre, demandaient le partage des terres: O. Müller suppose avec beaucoup de raison que les Spartiates, qui avaient précédemment reçu des lots en Messénie et qui ne pouvaient en retirer aucun revenu, à cause des vicissitudes de cette longue guerre, demandaient à être pourvus de nouveau en Laconie (2).

(1) Plutarq. *Lacédém. Apophtegm. Polydor.* 2. Strabon, l. VI, c. III, § 3. Aristote, *Politiq.* l. VIII, ch. VI, § 2. O. Müller, *Die Dorier,* t. II, p. 192.

(2) Isocrate, *Panathenaic.* t. II, p. 602. Plutarque *Lycurg.* c. VIII. Ephoros fr. 20, *Fragm. des historiens grecs* de Didot. Aristote, *Politiq.* l. II, ch. VI, § 12. Remarquer Plutarq. *Institut. Laconica,* 22.

Ce système de lotissement de nouveaux citoyens sur les terres conquises explique naturellement les accroissements successifs du nombre des Spartiates pendant la première période de leur histoire. De 2000 citoyens qu'ils étaient très anciennement, ils parvinrent au nombre de 4500 ou 6000 après Lycurgue. Une fois la Messénie conquise, le roi Polydore porta leur nombre à 9000. Enfin ils atteignirent le chiffre de 10000, au dire d'Aristote qui constate à cette occasion que ces accroissements provenaient non pas d'un mouvement constant ascensionnel de la population, mais bien de collations en masse du droit de cité.

A ceux qui auraient peine à croire que l'existence de semblables règlements pour le partage des terres conquises ait pu, dans la suite des temps, être amplifiée et dénaturée, au point de passer pour un partage égalitaire des terres, nous citerons la méprise qui a régné si longtemps sur le véritable caractère des lois agraires à Rome. L'origine de cette méprise venait des déclamations intéressées de Cicéron, qui voulait faire passer ces lois équitables pour des attentats au droit de propriété. Les démagogues grecs du III° siècle pouvaient bien avoir usé de procédés semblables dans l'intérêt des passions de la populace.

L'exposé des principales lois de Sparte, tel qu'il résulte des textes authentiques, s'accorde parfaitement avec ce genre d'*égalité aristocra-*

tique que nous avons définie, tandis que ces lois seraient absolûment inintelligibles si l'on continuait à partir de cette fausse notion que l'État spartiate avait pour base l'égalité des conditions et des fortunes.

IV.

LES LOIS CIVILES DE SPARTE SUR LA PROPRIÉTÉ, LES SUCCESSIONS ET LA FAMILLE.

Les lois civiles de Sparte ont été étrangement défigurées par les érudits qui partaient de cette double idée, que Lycurgue avait fait de l'égalité des possessions foncières la base de sa constitution, et que naturellement il avait pris des moyens pour la maintenir. Barthélemy a résumé ses devanciers dans une page où il nous donne une législation toute d'imagination : « Les lots « de terre étaient inaliénables et indivisibles. « L'aîné seul des enfants mâles succédait au « père, et au cas où il n'y avait que des filles, « l'héritage était attaché à l'aînée seulement. « Quant aux cadets, il était pourvu diversement « à leur sort : 1° ils partageaient également le « mobilier ; 2° l'aîné payait leur quote-part aux « Syssities ; 3° à leur naissance, les vieillards « de leur tribu leur attribuaient des lots de terre « vacants ; 4° on avait soin de faire épouser à

« ces cadets des filles héritières ; 5° enfin ceux
« que la guerre ne moissonnait pas étaient en-
« voyés au loin pour fonder des colonies. »

Ces idées sont reproduites à peu près dans
les mêmes termes par le Dr Thirlwall ; on en
retrouve même quelque chose dans O. Müller,
malgré sa grande érudition, tant est forte l'influence d'une idée préconçue (1) !

Pour nous, nous nous bornerons à rapprocher
les textes des anciens, relatifs aux principaux
objets du droit civil, et nous verrons que les lois
civiles de Sparte étaient dans leurs grands traits
semblables à celles d'Athènes et des autres villes
de la Grèce, qui, toutes sorties de la souche
hellénique, avaient les mêmes principes sur la
famille, la propriété et le droit de succession (2).

(1) *Voyage du jeune Anarcharsis*, ch. 46. *Histoire des
origines de la Grèce*, ch. VIII, p. 232 de la traduction
françoise. Parmi les ouvrages antérieurs nous citons, à titre
de curiosité bibliographique, Cragius, *De republica Lace-
dæmoniorum*, lib. IV. Heidelberg, 1693, in-4°, Emmius
Ubo *Lacædemona antiqua*, Meursius *Miscellanea Laconica*
dans le *Thesaurus antiquitatum græcarum*.

(2) C'est la pensée de Ganz, quand il présente le droit attique comme le type du droit grec, *Das Erbrecht in weltges-
chichtlicher entwickelung*. Berlin, 1824, t. I, p. 281.

Les différences qui existaient dans les législations des cités
grecques ne portaient guères que sur les formalités des con-
trats et sur les matières politiques. Cf. Dareste: notice sur le
Traité des lois de Théophraste.

Le droit civil à Sparte était essentiellement coutumier ; il avait sa source dans les idées religieuses les plus intimes de la nation, et, quand même Lycurgue eût voulu le changer, il ne l'eut pas pu ! D'ailleurs, nous avons vu que rien dans sa constitution politique n'exigeait un changement radical dans le droit privé (1).

Ce caractère coutumier du droit à Sparte explique très bien le peu de précision des notions qui nous en ont été conservées, et en même temps les modifications profondes qu'il subit avec le cours des siècles, sans qu'on puisse leur assigner une date précise.

§ I. — *Le droit de propriété.*

Le patrimoine foncier était inaliénable. — Aristote est formel là-dessus : « Le législateur a « attaché de la honte à acheter ou à vendre la « terre (2). »

---

(1) Lycurg. *Apophtegmat. Laconica Lycurg.* 8. Pausanias, 1. Aristote, qui n'avait pas des idées justes sur la valeur du droit traditionnel et coutumier, dit qu'à Sparte les magistrats jugeaient arbitrairement. *Politiq.* l. II, c. VI, § 16, c. VII, § 6.

(2) *Politiq.* l. II, c. VI, § 10, Cf. Plutarch. *Laconic. Inst.* 22. Ælien. Hist. var. XIV, 44.

Héraclide de Pont ajoute une distinction : « Il
« est honteux chez les Lacédémoniens de vendre
« la terre et il est tout-à-fait défendu de vendre
« la terre anciennement possédée. » πωλεῖν δὲ γῆν
Λακιδαιμονιοις αἰσχρὸν νενομισται, τῆς δ'ἀρχαίασ μοιρασ ὀνδὲν
ἐξον (1). C'était quelque chose de semblable à la
distinction de notre ancienne législation française
entre les propres et les acquêts. Du reste, dans
un droit purement coutumier, la différence entre
ce qui était seulement déshonorant et ce qui était
absolument prohibé devait être peu tranchée, et
c'est ce qui fait qu'Aristote n'en a pas parlé. Il
ne paraît pas qu'une sanction de nullité fut attachée à cette prohibition.

L'inaliénabilité du patrimoine se retrouve
dans la législation de beaucoup d'autres cités,
et elle paraît avoir été générale dans l'antiquité
helléno-pélasgique. Le foyer était, en effet, pour
les anciens le siège par excellence du culte. La
flamme qui y brillait était la manifestation vivante
de la divinité familiale qui présidait aux destinées
de la race, et cette idée mère de toute la religion
privée, remonte jusqu'au temps où les ancêtres
des peuples de souche aryenne étaient réunis dans
leurs demeures primitives de la Haute-Asie (2).

(1) Héraclide de Pont dans le t. II des *Fragments des
historiens grecs* de Didot, II, 7.

(2) V. Pictet. *Les origines indo-européennes.* Paris,
1863, t. II, p. 678.

Le développement que prit chez les Grecs et
les Romains le culte des Lares et des Pénates
augmenta beaucoup l'importance religieuse du
foyer, de la maison dont il était le centre, du
champ qui l'entourait et où se trouvait généralement le tombeau des ancêtres. Les Mânes qui
recevaient les oblations sacrées au foyer et qui
ne pouvaient les recevoir que de leurs descendants, étaient intéressés à ces deux choses : la
perpétuation de la race et la conservation de la
terre. Vendre la terre paternelle et livrer à un
étranger le lieu du culte domestique était donc
une impiété ; c'en était presqu'une pareille que
d'acheter cette terre et de venir y implanter un
culte nouveau (1).

Un point de vue politique propre à la cité
spartiate s'ajoutait à l'empire de ces idées, car un
des procédés les plus fréquents des législateurs
de l'antiquité fut de faire servir à leurs desseins
des croyances généralement acceptées, et de re-
vêtir par là leurs institutions d'une consécration
religieuse. Ainsi, quand les anciennes oligarchies

---

(1) Ælien. XIV, 44. On comprend par là combien de
temps il fallut aux anciens pour admettre la saisie du patrimoine pour dettes : la réduction en servitude du débiteur
était à leurs yeux une chose bien moins grave. Sur ce fondement religieux du droit de propriété dans l'antiquité, V.
M. Giraud, *Recherches sur le droit de propriété chez les
Romains*, p. 69 et suiv. Fustel de Coulanges, *la Cité antique*, l. III, ch. VI.

s'étaient changées en établissements aristocratiques, le maintien des propriétés dans les familles
et l'inaliénabilité du patrimoine foncier étaient
devenus des maximes politiques fondamentales.
Aristote nous a conservé le souvenir de lois de
ce genre à Corinthe, à Thèbes, à Elis, à Locres,
à Leucade (1), et l'on a conjecturé non sans raison
que quelque chose de semblable existait à Rome
avant la loi des XII tables (2). A Sparte, la note
d'infamie attachée à la vente de la terre avait
reçu une sanction très efficace, dans la disposition qui privait de leurs droits civiques ceux qui
ne pouvaient payer leur quote-part aux repas
publics.

Les lots de terre étaient-ils indivisibles ? —
Manso et O. Müller l'ont affirmé sur la foi d'une
lecture du passage cité d'Héraclide de Pont qui
était telle : « πωλεῖν νενόμισται.... τῆς δ'ἀρχαίας μοίρας
ἀναινεμίσθαι οὐδὲν ἔξεστι. » Mais vérification faite des
manuscrits, il a été constaté que le mot ἀναινεμίσθαι
avait été ajouté par les premiers éditeurs qui
étaient choqués du sens naturel de ce texte et
qui l'avaient modifié, de façon à y voir un moyen

(1) Aristote, *Politiq.* l. II, ch. IV, § 4, l. VII, ch. II,
§ 6.

(2) V. Niebuhr, *Histoire romaine*, trad. de Golbery,
t. III, p. 373.

employé pour maintenir l'égalité supposée des lots de terre (1).

Sans doute, la même note ou la même prohibition qui frappait la vente totale des fonds de terre atteignait la vente partielle, mais en dehors de là, ils n'étaient pas indivisibles et ils se partageaient réellement dans les successions.

§ II. — *Les lois de succession.*

Principe du droit de succession. — Plutarque, *Vie de Lycurgue*, chap. XVI, dit qu'à la naissance de chaque enfant les anciens de la tribu lui assignaient un des 9000 lots de terre ; d'où il suivrait que l'hérédité n'existait pas à Sparte, et que là, au moins, les théories communistes avaient trouvé une application. Mais comme une foule de témoignages certains nous montrent le droit de succession parfaitement organisé à Sparte (2), il n'y a à tenir aucun compte de ce récit. Tout au plus pourrait-on en conclure que les tribus et les phratries avaient

(1) V. l'édition de Schneidewin, publiée en 1847, et les *Fragments des historiens grecs* de Didot, t. II, p. 211, note 7.

(2) V. entr'autres Xénophon, *G¹ de Lacédémono*, ch. I *in fine.*

parfois la disposition des patrimoines qu'elles avaient recueilli à défaut de parents, comme cela existait à Rome au profit des *gentes* et des curies et probablement aussi à Athènes, dans le but d'empêcher, dans tous les cas, l'extinction des sacrifices privés.

La transmission successorale était fondée sur la loi et la parenté, nullement sur la libre volonté du propriétaire. C'était un principe commun à tous les États constitués de cette sorte. Aristote le formule en ces termes : « Dans l'oligarchie, « il importe que les héritages ne soient pas « transmis selon la libre volonté, mais qu'ils le « soient toujours d'après la naissance. Il importe « également qu'un même individu ne puisse pas « réunir sur sa tête deux patrimoines. De cette « façon les fortunes sont moins disproportion- « nées, et un plus grand nombre de citoyens « pauvres peuvent parvenir à la richesse (1). »

Tel était du reste le droit de toutes les cités grecques à l'époque de Lycurgue. Solon le premier introduisit dans une certaine limite le droit de tester à Athènes. A la longue il se propagea dans les autres États, mais il ne pénétra à Sparte que plus tard par une loi de l'éphore Épitadès. Le legs, la donation entre vifs à d'autres qu'à des successibles et le mariage des filles héritières en dehors de la famille étaient interdits au même

(1) *Politiq.*, l. VIII, ch. VII; § 12.

titre que l'institution d'héritier, avec lequel ces modes de disposition avaient un rapport intime au point de vue du droit grec.

Les fils et leurs descendants mâles excluaient complètement les filles, comme à Athènes et dans toutes les autres cités grecques.

Le droit d'aînesse existait-il à Sparte ? — Tous les érudits du dernier siècle et dans celui-ci, Manso, Ott. Müller, Thirlwall, Fustel de Coulanges soutiennent l'affirmative. Ce serait un trait fort original de la constitution de Sparte, car nous savons que le partage égal entre les enfants mâles était le droit commun de toutes les cités grecques, et qu'il existait en Crète comme à Athènes, ce qui exclut sur ce point toute idée d'opposition entre les institutions des Doriens et celles des Ioniens (1).

Pour établir l'existence du droit d'aînesse à Sparte, on n'a guères donné d'autre argument que la convenance de maintenir l'égalité des possessions foncières, ce qui est une pure pétition de principes, rien n'étant moins prouvé que cette égalité. Un passage assez obscur de Plutarque où Lycurgue est représenté comme

(1) Hésiode *Les travaux et les jours*, v. 27-39, éd. Didot. Aristote *Politiq.*, l. II, ch. III, § 6 ; l. VIII, ch. III, § 2. Homère *Odyssée*, l. XIV, v. 206. Strabon, l. X, ch. IV, § 20.

étant d'avis qu'un seul enfant par famille est à désirer n'a aucun rapport à la question ; il ne peut avoir trait qu'aux pratiques limitatives de la population dont nous aurons à parler (1).

En regard de ces arguments tout-à-fait insignifiants, la preuve du partage égal ressort d'un passage très net de Plutarque, et surtout de ce fait qu'Aristote après avoir, dans le livre II de sa Politique, constaté que le partagé égal était le droit commun de toutes les cités grecques, traite immédiatement de la constitution de la propriété à Sparte, sans rien dire de spécial sur les lois de succession (2).

On doit cependant admettre que des coutumes particulières avaient survécu dans certaines familles de Sparte comme à Athènes, où quelques sacerdoces restèrent jusqu'à la fin l'apanage de plusieurs familles anciennes, et comme à Rome pour le *principal* de la *gens*. Dans les États de la Grèce, où le gouvernement traditionnel des Eupatrides s'était maintenu, une sorte de droit d'aînesse existait dans les familles des chefs : Aristote indique qu'il en était ainsi dans ces oligarchies qu'il appelle dynastiques, et voici ce qu'il dit à propos de quelques-uns de ces gouvernements :

(1) Plutarque, fr. XX, *ex Commentar. in Hésiod.*, éd. Didot.

(2) Plutarque, ch. VIII *in fine*. Aristote *Politiq.*, l. II, ch. III, § 6.

« A Marseille, à Istros, à Héraclée et dans
« plusieurs autres États, ceux qui étaient exclus
« du gouvernement s'agitèrent jusqu'à ce qu'ils
« eussent obtenu la jouissance simultanée du
« pouvoir : d'abord pour le père et l'aîné des
« frères, ensuite pour tous les frères plus jeu-
« nes (1). » Il ne s'agit là que d'un droit d'aînesse politique, et ce passage même montre
comment il disparut à Marseille quand la constitution d'oligarchique devint aristocratique au
sens propre du mot (2). Or c'est une révolution
de ce genre que Lycurgue avait accomplie à
Sparte.

Le droit d'aînesse ne pouvait donc subsister
à Sparte que dans la limite très restreinte où les
anciennes races (γένη) avaient retenu leur organisation propre. Les rois n'étaient rois qu'en
tant que chefs des deux premières races d'Héraclides, et c'est le même droit de ces races qui
régissait la succession (3). Il devait en être de
même pour quelques autres γένη qui avaient conservé une existence distincte, comme les Thalty-

____

(1) Aristote, *Politiq.* l. VIII, ch. V, § 2.

(2) Strabon, l. IV, c. I, § 5, nous donne un tableau
complet des institutions politiques de Marseille telles qu'elles
existaient depuis cette révolution, il les qualifie justement
d'ἀριστοκρατία. Aristote en donne à peu près la même idée
par le mot de πολιτεία. (L. cit.)

(3) Ce caractère des rois de Sparte est très bien présenté
par O. Müller, *Die Dorier*, t. II, p. 79 et 101.

biades qui remplissaient héréditairement les fonctions de hérauts publics, comme les Égides et
quelques autres peut-être qui ne nous sont pas
connus (1). Du reste la persistance de certains
droits particuliers propres à des γένη n'est pas
spéciale à Sparte. Quelque chose de semblable
existait à Athènes et même à Rome (2).

En constatant l'existence du partage égal entre
les enfants mâles comme droit commun pour les
familles de condition ordinaire, il faut se garder
de l'isoler des institutions au milieu desquelles il
fonctionnait et notamment du grand principe de
la co-propriété de la famille qui se traduisait par
des règlements fort énergiques sur les filles héritières et par l'interdiction d'aliéner, de disposer
à quelque titre que ce soit.

Au milieu de semblables institutions, le droit
des fils à un partage égal avait des effets écono-

(1) Sur les Thaltybiades, Hérodote VI, 60, VII, 134—
137, Hesychius, v° θεοκηρυκες. O. Müller, *Die Dorier*, t. II,
p. 30. Sur les Égides, Hérodote, IV, 149. Pindare 5° pythi-
que.

(2) Sur l'existence des droits coutumiers de certains γένη
pour Athènes. V. Demosth. *in Neævam*, c. 104, décret de
naturalisation des Platéens, Isée *de Appolodori hered.*
§§ 15, 16, *de Ciron. heredit.*, § 19. Grote, *Histoire de la
Grèce*, t. IV, ch. III (trad. française). Pour Rome, Cicéron,
Lois, l. II, c. 22; Tite-Live, l. VI, c. 20; Jhering *Geist
des Romischen Rechts*, § 14, die Gens, St-Jérôme, *Epis-
tola*, 47, *ad Furiam.*

miques tout à fait différents de ceux du partage forcé dans la législation civile française. Tout rapprochement est illusoire, et si l'on voulait absolument trouver un similaire quelconque au régime domestique des Grecs, nous le chercherions plus tôt dans nos coutumes du centre de la France d'origine celtique.

Des communautés entre frères. — Elles étaient très usitées dans les anciens temps. Le patrimoine ne se divisait pas. Tous les enfants restaient groupés au même foyer. Un des frères, le plus capable et le plus souvent l'aîné à cause du privilège religieux de sa naissance, dirigeait la communauté et portait le nom expressif d'ἑστιο πάμων, *le conservateur du foyer*. Plutarque, dans son *Traité sur l'amour fraternel*, indique que ces communautés jouaient un rôle très important dans l'ancien état social des peuples grecs. Elles étaient vraisemblablement le pivot de l'organisation de la famille. Le partage entre les enfants ne devait se produire qu'à titre d'exception. Avec le cours du temps, cette situation fut renversée : mais alors le principe du partage forcé se trouva en contradiction avec les autres institutions qui toutes avaient pour objet la conservation du patrimoine dans la famille. De là cette incohérence du droit grec que Cicéron signalait, en la comparant au régime romain fondé sur l'institution testamentaire d'un héritier.

Nous connaissons avec certitude l'existence de semblables communautés dans la grande Grèce, en Crète et à Athènes où elles étaient encore fréquentes à l'époque des orateurs classiques, c'est-à-dire au IVe siècle (1). A Sparte, dit Polybe d'après Timée, elles étaient très usitées, et l'on voyait même souvent tous les frères se contenter entre eux d'une seule femme. Les enfants issus de ces singuliers mariages étaient communs à tous (2). Les membres de ces communautés payaient évidemment les uns pour les autres la quote-part aux syssities. — Des communautés aussi intimes n'avaient pas seulement pour effet d'empêcher la division du patrimoine paternel, mais encore de limiter la population et d'empêcher des descendants trop nombreux de perdre leurs droits de cité par l'impossibilité où ils se seraient trouvés de figurer aux repas publics.

(1) V. Pollux Onomasticon, l. X, segm. 20, éd. d'Amsterdam, 1706, et l. I, segm. 75. Hesychius, v° παιστα. V. sur ces deux lexicographes les notes de tous les commentateurs. Pour la Crète et la Grande Grèce, Aristote, *Politiq.* l. I, ch. I, § 6. Pour Athènes, Harpocration, v° Κοινωνικοι et le texte d'Isée qu'il rapporte, Démosthène, *In Evergum et Mnesibul.* c. 34. *Adver Leocharem*, c. 10. 1° *in Stephanum*, § 70 — Cf. Plutarq. *de Fraterno. amor.* I et VIII.

(2) Polybe, l. XII, *De timæo historico*, c. VI, § 8, édit. Didot.

Des Mothaces. — Dans les familles pauvres qui ne recouraient pas à ces moyens, les parents avaient la ressource de placer quelques-uns de leurs enfants auprès de personnages puissants qui les élevaient avec les leurs et plus tard les conservaient auprès d'eux à titre de clients. *Mothones, mothaces,* tel était le nom de cette sorte d'*écuyers* ou de *varlets.* Leur condition n'avait rien de déshonorant, et quoique l'exercice de leurs droits politiques fut suspendu, ils n'en pouvaient pas moins plus tard parvenir aux plus hauts honneurs. Gylippe, Callicratidas, Lysandre lui-même quoique du sang des Héraclides, avaient été *mothaces* dans leur jeunesse (1).

C'est par une erreur évidente que deux lexicographes anciens ont présenté les mothaces comme des esclaves. Les témoignages que nous venons de citer démontrent la fausseté de cette opinion (2).

_____

(1) Ælien, *Hist. variées,* l. XII, c. 43. Phylarq. dans Athénée, l. VI, c. 20. Plutarq. *Cléomèn.* c. VIII. *Lysander,* c. II. Grote, *Histoire de la Grèce* (t. III, ch. VI, trad. française). Cet auteur avance que parfois des citoyens pauvres étaient établis comme Périœques dans des municipes conquis. Il est évident que ces Spartiates auraient alors perdu leurs droits de citoyens, mais il n'y a aucun texte qui mentionne de pareils établissements.

(2) Hesychius, Suidas et Etymol. magn. v° μοθωνες. Cf. Ot. Müller, t. II, p. 46.

Dispositions sur les filles héritières et sur les successions collatérales. — Ces deux ordres de successions qui pour nous sont essentiellement distincts, ne sont qu'une seule et même chose dans le droit grec; c'est là que le principe de la copropriété de la famille s'accuse de la façon la plus originale.

Le droit hellénique n'admettait pas que les filles fussent aptes à hériter et à continuer la maison par elles-mêmes; mais leur sort et la conservation de la famille étaient assurés par une disposition législative qui prenait sa source dans les idées religieuses les plus enracinées et qui obligeait leurs plus proches parents jusqu'à un certain degré (celui de cousin issu de germain, οι εν αγχιστεια,) à les épouser ou à les doter, encore qu'elles fussent pauvres. Le parent déjà marié n'était pas dispensé de cette obligation et il était obligé de divorcer pour épouser sa parente, s'il n'aimait mieux perdre l'héritage. Réciproquement il avait le droit d'épouser la fille héritière même malgré elle et de la revendiquer en justice avec l'héritage; le mariage qu'elle aurait contracté précédemment était en ce cas nécessairement dissous.

La fille appelée ainsi à continuer la maison s'appelait en dialecte ionien επικληρος, en dorien επιπαματις littéralement *qui est jointe au patrimoine :* pour traduire exactement au lieu de fille héritière il faudrait dire *fille héréditaire.*

Le fils né de cette union (θυγατριδοῦν.), une fois
arrivé à l'âge d'homme, était mis en possession
des biens de son grand-père maternel auquel il
était censé succéder directement, et il devenait en
même temps le tuteur de sa propre mère. Quand
plusieurs enfants naissaient de ce mariage, on
s'arrangeait pour que l'un eût l'héritage et le
nom de son grand-père paternel, l'autre l'héritage et le nom de son grand-père maternel, de
façon à ce qu'autant que possible chaque famille
continua à avoir une existence distincte : on peut
voir plusieurs de ces curieux arrangements de
famille rapportés par Démosthène dans les discours contre Macartatus et contre Léocharès.

Ce droit existait à Sparte dans toute sa rigueur
et l'on trouve notamment dans les auteurs anciens de nombreux exemples de neveux épou-
sant leurs tantes (1).

Si le principe général du droit en cette matière
était le même à Sparte qu'à Athènes, il est impossible de savoir si les applications de détail en
étaient règlementées identiquement.

Aristote constate que l'exercice du droit des
parents sur les filles héritières avait été une
cause de révolution dans beaucoup de cités, et
le poète de Mégare, Théognis, indique dans ses

(1) Hérodote, VI, 71, VII, 204-205. Plutarq. *Agis*, 11 et
17, et *Lysander*, 30. V. O. Müller. Die Dorier, II, p. 196
à 200.

élégies que souvent les parents riches se refu-
saient à accomplir leur devoir envers les filles
pauvres (1).

Dans le droit attique, les parents maternels,
à défaut de parents paternels jusqu'au degré de
cousins issus de germains, avaient le droit de
succéder et par voie de conséquence de réclamer
le mariage des filles héritières. En était-il de
même à Sparte, ou bien les principes anciens sur
la transmission du sang exclusivement par les
mâles y étaient-ils demeurés en vigueur? C'est
là une question impossible à résoudre pour
nous (2).

A Athènes encore, au cas où le *de cujus* laissait plusieurs filles sans avoir adopté le mari
d'aucune d'elles, chacune était héritière pour sa
part et le droit de revendication et de mariage

(1) Arist. *Polit.* I, VIII, c. III, § 3 et suiv. c. V, § 10.
Theognis, v. 180 à 195 et 1112. Cf. Hérodote, V, 92.

(2) Diodore de Sicile, l. XII, c. 14, à propos des lois de
Charondas à Thurium, indique très nettement que dans le
droit commun de la Grèce, les parents par la mère étaient
absolument exclus de la succession. Ganz a, en passant,
émis l'idée que le droit qui leur est reconnu par la législation
athénienne est une innovation. (*Das Erbrecht*, t, I, p. 376).
Parmi les exemples de succession collatérale à Sparte, nous
n'en connaissons aucun au profit des parents par les femmes.
En dehors de là, il y a dans la vie d'Agésilas un fait qui
indique la place que ces parents avaient dans la famille (Plutarque, *Agésilas*, 4).

des parents, οἱ ἐν ἀγχιστείᾳ, s'exerçait sur chacune d'elles. Il n'y a pas de raison pour croire qu'à Sparte il en fut autrement et que la fille ainée eût un privilège que nous ne reconnaissons pas au premier né des garçons (1). Dans le cas de filles pauvres, il suffisait aux parents d'en doter et d'en marier une seule dont la descendance continuait la famille.

Hérodote nous apprend que les causes relatives au mariage des filles héritières que leur père n'avait pas fiancées étaient du petit nombre de celles réservées à la juridiction royale (2). Il ne faut pas entendre par là, comme Barthélemy et Thirlwall, que les rois eussent le droit de désigner un mari aux filles héritières. Ils étaient seulement juges de la revendication que le plus proche parent devait faire de l'héritage et de la fille et tranchaient les questions soit de droit soit de fait qui s'élevaient à l'occasion des rapports d'ἀγχιστεία.

---

(1) Isée, *Hérédité d'Appolodore*, § 20, et *Héréd. de Philoctemon*, § 46. M. Bachofen, *Das Mutterrecht, eine untersuchung ueber die gynaicokratie der alten welt* (1 vol. in-4°, Stuttgart, 1861), insinue que la fille πρωτόγονος avait un privilège à Sparte, p. 397. — Les divers passages qu'il invoque p. 194, 355, 897, ne nous paraissent pas établir l'existence de ce droit dans l'antiquité. Un autre témoignage qu'il ne cite pas et qui est plus direct (Valère-Maxime, l. II, c. VI, § 8), ne nous paraît pas non plus concluant.

(2) Hérodote, l. VI, c. 57, Cf. Plutarq. *Lysander*, 30.

C'était une juridiction semblable à celle qu'avait à Athènes l'archonte éponyme (1).

Selon Hérodote, les rois prononçaient quand le père n'avait pas marié ou fiancé sa fille. Faut-il admettre que le père qui n'avait que des filles eût toute liberté pour leur choisir un époux ? Aristote nous dit qu'il en était ainsi, mais dans ce passage il joint cette faculté avec celle de faire des dons et des legs (2), ce qui doit nous faire admettre qu'avant la loi d'Épitadès le père de famille n'avait vraisemblablement pas cette faculté. Nous voyons qu'à Athènes le mariage de la fille héréditaire n'était pas respecté si elle n'avait pas épousé précisément un de ses ἀγχιστεῖς. Le père n'avait d'autre ressource que d'adopter son gendre. Il devait en être de même à Sparte, seulement l'adoption était soumise au contrôle des parents intéressés, ce qui gênait singulièrement la liberté d'adopter.

Du reste, s'il en était à Sparte comme à Athènes, le père pouvait choisir dans l'ἀγχιστεῖα le parent qui lui convenait le mieux, et il arrivait aussi que, quand le père mourait sans avoir marié sa fille, le parent plus proche qu'il laissait pour héritier n'épousait pas lui-même la fille, mais la mariait à un parent du degré suivant ;

(1) Démosthène, *In Macartatum*, c. 75. V. O. Müller, l. cit.

(2) *Politiq.* l. II, ch. VI, §§ 10 et 11.

il devait y avoir des arrangements de famille qui tempéraient la rigueur du droit (1). Les mariages dans l'intérieur de la famille, même quand il ne s'agissait pas de filles héréditaires, étaient fort usités à Sparte. Nous en connaissons un exemple qui date du temps des Antonins; ce fut un des traits les plus persistants des mœurs grecques (2) et qui ne disparut qu'à la longue sous l'action du Christianisme.

Les mariages entre frères et sœurs étaient autorisés par ces mœurs ; Solon avait défendu ceux entre frères et sœurs utérins pour éviter la confusion de deux patrimoines, mais il avait encouragé ceux entre frères et sœurs consanguins pour faciliter la conservation du patrimoine paternel. D'après Philon, une disposition toute contraire existait à Sparte ; le mariage entre frères et sœurs consanguins était prohibé, celui entre

(1) C'est ce qui nous paraît résulter des passages d'Aristote et d'Hérodote (VI, 57), lt. Démosth. *In Stephanum* 2ª. § 18. Cf. Schœmann, *Griechische Alterthümer*, 2ª édit. t. I, p. 369.

(2) Exemples de ces mariages de famille en dehors des cas de filles héréditaires, Hérodote, V. 39. Polybe, IV, c. 35. Plutarque, *Agis*, c. 6. *Pyrrhus*, c. 26. *Corp. inscript. græcar* de Boeck, nº 1488. On a remarqué que tous les édits des empereurs chrétiens sur les nôces incestueuses sont adressés à l'Orient.

frères et sœurs utérins permis (1). Était-ce par
des considérations d'honnêteté ou d'hygiène, il
est difficile de le savoir.

En ce qui touche la portée économique de la
loi, il suffit de faire remarquer que la conservation du patrimoine dans la famille n'en souf-
frait pas, car de deux choses l'une, ou bien la
fille qui épousait son frère utérin avait des frères
consanguins, et alors elle ne prenait aucune part
au patrimoine paternel, puisque la législation de
Sparte à la différence de celle d'Athènes prohibait
les dots ou à peu près : ou bien elle n'avait pas
de frères consanguins, et alors étant fille héritière elle ne pouvait épouser son frère utérin
qu'autant que ses proches parents paternels ne
faisaient pas valoir leurs droits à l'épouser (2).

---

(1) Philon. *De specialib. legibus*, l. II, p. 779. Lutetia,
1640.

(2) Montesquieu (*Esprit des lois*, l. V, c. 5), a commis à
l'occasion de cette loi les plus étranges erreurs. Barthélemy
qui l'a en partie rectifié dans une note au chapitre 46, *sur le
partage des terres fait par Lycurgue*, continue à donner
une très fausse interprétation d'un passage de Strabon sur
les lois de Crète qui est tel : « φρενη δ'εστιν αν αδελφοι ωσι το
ημισυ του αδελφου μεριδος, » ce qui veut dire que quand il y a
des frères, les filles n'ont pour dot que la moitié de la part
d'un frère. (Strabon, X, c. IV, § 20, éd. Didot; O. Müller,
Die Dorier, t. II, p. 201 et le traducteur de l'édit. Didot.)

La tutelle des orphelins était considérée comme une charge corrélative de la vocation successorale des collatéraux et était déférée dans le même ordre.

§ III. — *De l'adoption et de quelques autres moyens de conserver la famille.*

Chez tous les peuples de l'antiquité qui attachaient un haut intérêt religieux à la perpétuité de la famille, l'adoption a été un moyen de suppléer aux défaillances de la fécondité naturelle. Le droit de Sparte l'admettait, en exigeant seulement qu'elle eût lieu par-devant les rois (1) qui l'autorisaient ou la rejetaient, en vertu de leur haute juridiction religieuse. L'adoption dans le droit grec n'était pas, comme l'*adoptio* proprement dite des Romains, une simple transmission de puissance paternelle, un acte exclusivement ressortissant du droit privé ; la puissance paternelle dans le sens romain n'existait pas chez les Grecs ; l'individu adopté avait toujours un statut propre. Aussi l'adoption était chez eux un acte public et qui était soumis à des formes analogues à celles de l'*arrogatio* du droit romain qui avait lieu par-devant les curies et les pontifes. L'inter-

(1) Hérodote, l. VI, c. 57.

vention du roi avait pour objet de sauvegarder l'honnêteté publique et surtout les droits des familles : ainsi l'homme qui avait des descendants mâles ne pouvait pas adopter ; celui qui avait une fille le pouvait, mais à la condition que le fils adoptif épousât sa fille, et en ce cas les proches parents dont les droits souffraient de cette union étaient admis à y faire opposition. Le roi n'aurait certainement pas permis l'adoption d'un homme, qui eut été unique héritier dans sa famille, car cela aurait amené la confusion des deux patrimoines ou l'extinction des sacrifices d'une race.

Ot. Müller a exprimé parfaitement les idées qui régnaient à Sparte comme dans tout le monde helléno-pélasgique sur cette matière : « La con- « servation des maisons était ordonnée par la « religion indépendamment de l'économie poli- « tique. Rien n'était plus terrible pour les Grecs « de l'ancien temps que la destruction de la « famille, la solitude de la maison par laquelle « le mort perdait ses honneurs religieux, les « dieux de la race leurs sacrifices, le foyer la « flamme, les ancêtres leur nom parmi les « vivants (1). »

---

(1) *Die Dorier*, t. II, p. 192. Sur le culte des mânes à Sparte, Hérodote, VI, 86, IX, 79. Dans le liv. VI, c. 68, nous voyons l'influence du culte de Jupiter Hercæen qui était intimément lié à la religion des mânes et du foyer. V.

Ces croyances remontent en Grèce à la plus haute antiquité et elles ont été comme le principe générateur de toutes les coutumes qui régissaient la famille et la propriété. Chez les Romains elles sont aussi la base d'une partie très importante de leurs institutions, de celles précisément qui leur sont communes avec les Grecs. Il y a plus, ces croyances se retrouvent, et cette fois parfaitement systématisées, chez les Aryas de l'Inde. La théorie des sacrifices privés, qui joue un si grand rôle dans le droit de succession d'Athènes et de Rome, est exposée avec tous ses détails dans la loi de Manou, le plus ancien monument du droit brahmanique. En présence d'une concordance aussi frappante en une matière qui est le point central des institutions civiles, on est forcé de reconnaître que ces croyances existaient déjà chez les Aryas avant leur dispersion, à l'époque où leurs tribus étaient réunies dans l'Asie-Centrale, car toute transmission postérieure est évidemment inadmissible. C'est ainsi que l'histoire comparée du droit vient apporter de nouvelles preuves à la communauté d'origine des peuples

M. Giraud, *Recherches sur le droit de propriété,* l. cit. Cf. Justin. l. III, ch. V. Les soldats spartiates inscrivent leurs noms sur leurs boucliers pour pouvoir être enterrés dans le tombeau de famille.

qui ont représenté à son plus haut degré le développement humain de la civilisation (1).

L'exclusion des filles par les descendants
mâles, la façon à défaut de ceux-ci dont le patrimoine repose sur la tête des filles pour passer
ensuite sur celle du fils qui naîtra d'elle et qui
sera regardé comme le successeur immédiat et le
fils de son grand-père maternel, tout cela est une
conséquence du principe que les mânes (PITRIS)
ne peuvent être valablement honorés que par les
sacrifices offerts par leurs descendants, que le
patrimoine doit toujours être joint au sang, enfin
que le sang se transmet principalement par les
mâles. Puis à côté de cela une série de procédés
artificiels, de fictions religieuses, comme l'adoption pour suppléer au défaut de fécondité dans
la race, car avant tout il faut prévenir l'extinction
des sacrifices domestiques qui priverait les mânes
de leurs honneurs divins, — toutes ces choses qui
ne se retrouvent dans le droit romain et dans le
droit grec que d'une façon fragmentaire, rem-

---

(1) L'origine commune des Pélasges, des Hellènes, des
Latins, des Celtes, des Germains, des Lithuanos-Slaves avec
la race Indienne et la race Zende, déjà admise depuis longtemps, a été récemment mise en pleine lumière par le grand
ouvrage de M. A. Pictet. *Les Origines indo-européennes*,
2 vol. in-4°, Paris-Genève, 1859-1863.

plissent de leurs développements la loi de Manou (1).

Nous allons rencontrer bien de traces de cette concordance dans l'examen des pratiques qui à Sparte étaient employées pour prévenir l'extinction de la famille.

(1) Sur les sacrifices aux *Pitris* comme base du droit de famille, V. Bagavad-Gita, I, 40, cité par M. E. Burnouf. *Essai sur le Véda*, in-8°, 1863, p. 206. Loi de Manou, l. IV, 257, l. VI, 35-37 et tout le livre III. Sur la propagation de la parenté par les mâles, l. IX, 33, 185 et suiv. l. V, 60, l. III, 5. On retrouve parmi les parents une distinction tout à fait semblable à celle du droit attique entre les ἀγχιστεῖς et les συγγενεῖς. Sur l'impureté des proches parents après la mort, l. V, 60, 64. — Dispositions relatives à la fille héréditaire, l. IX, 127 à 140. — Sur l'adoption, l. IX, 141, 142, 180 et suiv., etc., etc. Nous espérons poursuivre dans un travail spécial la comparaison des institutions juridiques des anciens Indiens avec celles des Grecs et des Romains. Un seul mot sur la valeur historique de la loi de Manou. M. Weber, dans son *Histoire de la littérature indienne*, place sa rédaction actuelle à l'époque où le bouddhisme commença sa propagande dans l'Inde ; mais la majorité des orientalistes fait remonter ce code, au moins dans sa rédaction primitive, au IXe siècle avant l'ère chrétienne, ce qui est de beaucoup plus vraisemblable (V. la préface de M. Loiseleur Deslongchamps et Lenormant, *Histoire ancienne de l'Orient*, t. III, p. 542-546). D'ailleurs, en ce qui touche les usages religieux et domestiques, les dispositions du *Mandva-Darma-Sastra* avaient été précédées par celles des *Grihyasutras Védiques*, ce qui en recule encore l'antiquité (V. Weber, *Hist. de la littérature Indienne*, trad. française, p. 72 et 400).

Dans toute la Grèce, le célibat était flétri, et les législateurs y avaient attaché certaines peines quand la religion n'avait plus suffi. A Sparte le célibataire était en butte à toutes les dérisions. Les mariages tardifs ou mal assortis au point de vue de la procréation des enfants étaient frappés de peines touchant à la considération publique (1).

Si le mariage était stérile par le fait de la femme, le mari était obligé de la répudier, car en la conservant il eût commis une impiété envers les mânes. L'histoire de Carvilius Ruga nous montre que les Romains ne pensaient pas autrement que les Aryas de l'Inde sur ce point: en Grèce dans la cérémonie du mariage figurait aussi la formule παιδων ἐπ'αροτω γνησιων et plusieurs histoires montrent cette obligation religieuse rigoureusement sanctionnée à Sparte (2).

Dans le cas où le mariage est stérile par l'impuissance du mari, la loi de Manou autorise les proches parents par les mâles du mari, ses *sapin-*

(1) Athénée, l. XIII, c. 1, p. 555. Plutarch. *Lycurg.* c. XV. Pollux. l. III, fr. 48, Cf. Denys d'Halicarnasse, IX, 22. Loi de Manou, l. VI, sl. 35, 36, sur les trois dettes du Dwidjà.

(2) Aulu-Gelle, l. IV, c. 3. *Jusjurandi religionem animo atque amori prævertisse.* Ménandre fr. 185. Hérodote, V. 39, VI, 61, Cf. Loi de Manou, l. IX, sl. 81. Platon, *Lois*, l. IV, p. 330, t. II, édit. Didot.

das (à peu près les ἀγχιστεῖα du droit grec), à s'approcher d'elle et à lui procréer un fils, mais rien qu'un ou tout au plus un second enfant, selon les interprètes. De minutieuses précautions religieuses sont prises pour écarter toute luxure de l'accomplissement de ce devoir envers les mânes. De même, si le mari est décédé sans enfants, les proches parents, les frères surtout, sont invités à lui susciter une postérité, sans pour cela épouser sa veuve comme dans le lévirat hébraïque (1).

A Athènes, Solon avait règlementé une pratique toute semblable, seulement il ne s'agissait que de la femme qui était une fille héréditaire parce que dans les autres cas il n'y avait pas le même intérêt à assurer une postérité au mariage (2).

Nous voyons une chose semblable à Sparte dans cette coutume rapportée par Polybe, à savoir que souvent des frères se contentaient d'une

(1) Loi de Manou, l. IX, sl. 57 à 70, 143-147.

(2) Plutarque, *Solon*, c. 20. Nous ne savons pour quelles raisons le dernier historien du droit attique, M. Van den Es, *De jure familiar. ap. Athenienses*, p. 13 (*Lugdun. Batavor*, 1864, in-8°), conteste la valeur historique de ce récit. Il est admis sans réserves par M. Grote, *Hist. de la Grèce*, 4° éd. anglaise, t. II, p. 536, note 1, et par M. Bachofen, *Das Mutterrecht*. On ne trouve aucun fait se rapportant à cette pratique dans les orateurs classiques : ces usages remontaient tout à fait aux coutumes primitives de la race et avaient dû disparaître avec les progrès de la civilisation athénienne.

seule femme, C'est tout à fait l'esprit de la loi de Manou qui dit quo quand l'un de plusieurs frères a un fils, c'est comme si tous en avaient un et que par conséquent dans ce cas l'adoption n'est pas possible (1).

Mais il y avait à Sparte encore d'autres pratiques qui excitaient l'étonnement des écrivains classiques : « Lycurgue, dit Xénophon (2), voulut « que les mariages fussent assortis sous le rap- « port de l'âge, mais s'il était arrivé qu'un vieil- « lard eût épousé une jeune femme, il permit à « ce vieillard d'amener à sa femme un homme « jeune et doué de toutes les bonnes qualités « physiques et morales pour lui procréer un fils. « Si d'autre part un homme éprouvait de l'éloi- « gnement pour sa femme et cependant désirait « des enfants, la loi lui permettait d'en avoir de « la femme d'un autre avec le consentement de « son mari. Lycurgue fit beaucoup de conces- « sions de ce genre aux époux. Les femmes sou- « tiennent ainsi deux maisons et leurs maris « donnent à leurs enfants des frères qui sont

(1) Loi de Manou, l. IX, sl. 182.

(2) *Gouvernement de Lacédémone*, ç. 1. Au témoignage de Xénophon s'ajoutent ceux de Polybe, l. VI, c. XII ; de Plutarq. Lycurg. c. XV ; Nicolas de Damas, *De moribus gentium, Lacedemonit*, dans les fragments des histor. grecs de Didot, t. III, p. 458.

« élevés avec eux mais qui ne partagent cepen-
« dant pas le patrimoine de la famille. »

Les historiens classiques et à leur suite les érudits modernes n'ont vu dans ces récits qu'une
singularité remarquable de mœurs, tout au plus
ont-ils admiré la façon dont Lycurgue avait su
étouffer la passion de la jalousie dans sa république.

Il est difficile cependant d'admettre que les
relations conjugales aient été conçues à Sparte à
un point de vue qui serait unique dans l'histoire
des races helléniques, alors que toutes les institutions du droit privé ont une si étroite analogie
avec celles d'Athènes et des autres cités grecques.

M. Bachofen a voulu rattacher ces récits à un
principe général, à sa théorie du droit maternel
et de la gynécocratie qui selon lui a été la première forme de la vie sociale et domestique dans
l'ancien monde. Ces libertés conjugales seraient
un reste de cet hétairisme de la femme qui aurait
été le plus ancien état moral des populations
grecques ; Lycurgue, représentant des traditions
orphiques, l'aurait consacré dans sa législation (1).
Sans entrer ici dans l'examen du système de
M. Bachofen, nous ferons remarquer que les
quelques cités grecques dans les institutions desquelles on retrouve des traces de gynécocratie

(1) *Das mutterrecht*, pp. 18, 26, 31, 77, 78, 198, 334,
382.

correspondent aux établissements des Cariens,
des Léléges et autres peuples de race non aryenne
qui ont les premiers occupé l'occident, tandis que
les peuples de souche aryenne et notamment les
Pelasges-Hellenes n'ont jamais connu ni l'hétaï-
risme de la femme ni la gynécocratie (1).

Quant à ces libertés dans les rapports des
sexes, si on admettait qu'elles étaient absolument
sans règles et ne se rattachaient pas à un principe de droit, on aurait beaucoup de peine à com-
prendre comment avec cela les Spartiates avaient
des idées si sévères sur la pudeur des filles et sur
la foi du mariage. L'adultère passait pour à peu
près inconnu chez eux (2).

Il y a beaucoup plus de vraisemblance à rattacher ces usages aux anciennes pratiques des
Aryâs, qui appelaient les proches parents à suppléer à l'impuissance du mari. Nous convenons
cependant que de deux choses l'une : ou bien les

(1) C'est ce que reconnaît à plusieurs reprises M. Giraud-
Teulon fils dans un opuscule destiné à vulgariser les idées
de M. Bachofen. (*La Mère chez certains peuples de l'antiquité*, par Giraud-Teulon fils. Paris, in-8°, 1867).

(2) *Plutarq. Apoptehgm. Laconic. Lycurg.* 20. L'expul-
sion du trône comme bâtard de Leotychides, issu des relations de Timée avec Alcibiade (Plutarq. *Alcibiade*, 23), est
inconciliable avec l'interprétation littérale du passage de
Nicolas de Damas : ταις δε αυτων γυναιξι παραχελευονται εκ
των ευειδεςτατων κυισθαι και αστων και ξενων.

historiens classiques ont méconnu la haute origine de ces pratiques, ou bien réellement elles
avaient de leur temps dégénéré en une complète
licence.

Xénophon indique que cette pratique avait
lieu dans le cas d'un vieillard qui avait épousé
une femme jeune. Or comme d'autre part nous
savons qu'un pareil mariage tombait sous le
coup d'un jugement public (l'οψιγαμου δικη), il faut
supposer que ce vieillard était un αγχιστευς qui
avait épousé sa jeune parente pour satisfaire
aux devoirs de famille. On conçoit très bien que
dans ce cas la religion des Mânes ordonnât d'assurer la perpétuité de la race par l'union avec
une autre parent, comme dans la loi d'Athènes.
Le mariage dans l'αγχιστεια n'aurait plus eu aucun
sens, si ensuite la femme avait été libre de con-
cevoir des enfants d'un citoyen étranger à la
famille.

Autre indice : — Le seul exemple de ces mœurs
que nous connaissions est celui des amours de
la belle Chilonis, épouse de Cléonyme, avec le
jeune et vaillant Acrotatus, fils du roi Areus.
Leurs relations avaient l'approbation publique,
et dans une circonstance où ce jeune prince
s'était distingué, les vieillards l'acclamaient en
lui disant : « *Jouis de la Chilonis et enfantes à
Sparte de vaillants enfants !* » Or Cléonyme
avait épousé Chilonis dans sa vieillesse et ne
pouvait pas lui donner d'enfants ; Acrotatus était

le petit neveu de Cléonyme, son plus proche ἀγχιστεύς, et c'est à lui que Chilonis devait s'unir pour perpétuer la race (1). Ce n'étaient pas là des amours illicites.

Des Épeunactes. — L'historien Théopompe, dans un fragment conservé par Athénée, raconte que pendant les guerres de Messénie les Spartiates, ayant perdu beaucoup de citoyens, affranchirent des Hilotes qui s'unirent avec les veuves des citoyens et leur suscitèrent une postérité. Les enfants issus de ces unions prirent le nom d'*Épeunactes*, ainsi que les Hilotes affranchis à cette occasion. O. Müller voit avec beaucoup de raison dans ce fait un exemple des pratiques auxquelles recouraient les anciens pour perpétuer les familles. Dans l'histoire des Locriens, il y avait une légende fort analogue à celle-ci. Nous comprendrions beaucoup mieux le sens de ce récit si au lieu d'Hilotes employés à suppléer les maîtres de maison morts, on suppose que ce sont des esclaves domestiques : Les récits de Polybe et de Justin sur ce fait autorisent fort bien cette substitution. Dans la légende locrienne, ce sont des esclaves qui s'unissent aux filles des nobles familles; puis, dans les idées des anciens, les esclaves faisaient jusqu'à un certain point

(1) Plutarque, *Pyrrhus*, 26 et 28, *Agis*. 3. Pausanias, l. III, ch. VI.

partie de la famille dans laquelle la vieille religion leur donnait des droits, tandis qu'entre les Hilotes et les citoyens il n'y avait aucune communion du droit domestique et civil (1).

§ IV — *De la filiation, du mariage et de la condition des femmes.*

Filiation et paternité. — La puissance paternelle n'a jamais eu en Grèce l'étendue et la rigueur qu'elle avait à Rome. Chez les Spartiates elle était surtout restreinte par les droits que l'État s'arrogeait sur la famille et sur l'éducation des enfants. L'État allait même jusqu'à ne pas permettre au père de conserver des enfants difformes. Le père devait avoir ce droit de malédiction solennelle qui existait chez tous les peuples

---

(1) Théopompe, dans Athénée, l. VI, c. 20, p. 271. (Ce passage a pu être altéré quelques lignes plus bas, là où l'historien compare les Prospélates aux Hilotes ; il y a une erreur évidente.) Polybe, t. XII, c. V, VI et suiv. Justin, l. III, ch. V. (Polybe, à propos des Spartiates, emploie l'expression d'οἰκέται, Justin celle de *servi*). Cf. Diodore de Sicile, l. VIII, c. 21. Hésychius, v° ἐπευνακται et παρθένιοι; la légende des Parthéniens pourrait bien avoir une origine commune avec celle des Epeunactes. (V. *infrà*.) Sur la place que le droit religieux faisait à l'esclave dans la famille, V. Fustel de Coulanges, *la Cité antique*, p. 138, 139 et suiv. cpr. les dispositions du droit romain sur l'esclave héritier nécessaire comme le *suus* ou enfant non émancipé.

grecs (ἀπόρρησις, ἀποκηρυξις abdicatio liberům), mais nous n'en avons pas d'exemples pour Sparte. Il prononçait souverainement sur la légitimité de l'enfant en le présentant au foyer domestique le dixième jour après sa naissance. Ce n'était que dans des cas où le sentiment du père ne s'était pas manifesté clairement et où d'ailleurs la succession au trône était intéressée, que l'assemblée du peuple jugeait ce que nous appelons *les questions d'État* (1).

Quant aux enfants nés hors mariage, ils étaient exclus complètement de la famille, de ses cérémonies religieuses et de toute succession aux biens. Aussi à Sparte comme dans tous les États grecs, quand les gens de cette condition devenaient trop nombreux, ils créaient de sérieuses difficultés au gouvernement. C'est ce qui arriva notamment après les guerres de Messénie où le nombre des enfants nés hors mariage s'était fort multiplié (2).

L'expression de παρθενίαι s'appliquait plus spécialement aux enfants nés d'un citoyen et d'une

---

(1) Hérodote, l. VI, c. 63. Plutarq. *Alcibiade*, 23, et *Agésilas*, 3. Sur l'initiation de l'enfant au foyer par le père, etc. V. Fustel de Coulanges, *la Cité antique*, p. 58. Loi de Manou, l. II, sl. 26-30.

(2) Justin, l. III, ch. IV. Suidas, v° παρθενίαι. Aristote, *Politiq.* l. VIII, ch. VI, § 1. Strabon, l. VI, ch. III, §§ 2 et 3.

citoyenne hors mariage, celle de νόθοι aux enfants
nés de personnes d'un statut différent, d'un
citoyen et d'une périœque ou d'une hilote, avec
laquelle la loi ne permettait pas de mariage. La
fréquence de pareilles unions n'était pas une
des moindres plaies sociales des cités antiques
fondées toutes sur des privilèges étroits, contre
lesquels la nature se révoltait : c'est à elles qu'il
faut attribuer le grand nombre des bâtards que
l'on voit mentionné au temps d'Agésilas et qui
était de beaucoup supérieur à celui des citoyens (2).

Condition des femmes. — A l'époque classique
les mœurs domestiques de Sparte faisaient un
très grand contraste avec celles des autres cités !
Tandis qu'à Athènes la jeune fille et l'épouse
étaient enfermées dans le Gynécée et que tous
les prestiges de l'amour étaient réservés aux
Hétaires, à Sparte, les jeunes filles jouissaient
d'une très grande liberté. Une fois mariées,
quoiqu'astreintes par les mœurs à un costume
plus sévère, elles ne laissaient pas d'exercer une
influence très grande dans le cercle de la famille,
et même de se mêler fréquemment aux affaires
publiques. Plusieurs anciens croyaient que Lycurgue avait institué une discipline particulière aux

(2) Xénophon, *Helléniq.* l. V, c. III, § 9.

femmes, mais Aristote démontrait la fausseté de
cette opinion par de fort bonnes raisons (1). Les
femmes à Sparte avaient la même situation que
celle que nous leur voyons dans les poèmes homériques ; à Athènes, par suite de la corruption
des mœurs, elles avaient été peu à peu réduites
au genre de vie que les Asiatiques imposent aux
femmes ; mais à Sparte l'esprit et les vertus
antiques s'étaient plus longtemps conservés et
avaient sauvegardé leur liberté jusqu'à une époque où le courant général des mœurs devait la
faire dégénérer en licence (2).

Il n'y a rien de spécial dans les institutions de
Sparte quant aux cérémonies de mariage ; on y
retrouve la promesse du père εγγνησις, la πομπη
ou conduite dans la maison du mari, la simula-
tion d'un enlèvement comme à Athènes (3).

Comme à Athènes encore le mari avait le droit
de répudier arbitrairement sa femme (4).

---

(1) Aristote, *Politiq*. l. II, c. VI, §§ 5 et suiv. Hérodote,
V, 51, VII, 239, et Lysand. c. 30

(2) V. M. Gide, *Etude sur la condition privée de la
femme dans le droit ancien et moderne*, p. 79.

(3) Pollux, l. III, fr. 38. Plutarq. Lycurg. 9, 15, et Lysand. c. 30. Athénée, l. XIV, c. 14, p. 686. Nous n'atta-
chons pas grande importance à un récit d'Hermippus (Athénée, l. XIII, c. 1, p. 555), d'après lequel on aurait enfermé
dans un lieu obscur jeunes gens et jeunes filles, laissant au
hasard le soin de former les couples destinés à s'unir.

(4) Hérodote, l. VI, c. 62.

Quoique, d'après le droit religieux, la femme
entrât dans les sacrifices et la famille de son
mari (1), nous voyons qu'à Sparte, au moins
dans les derniers temps, elle rentrait après son
veuvage dans sa propre famille. Loin d'être vus
avec défaveur, les seconds mariages des veuves
étaient encouragés par l'opinion (2), mais il faut
probablement ici distinguer entre les temps (3).
Cette distinction est surtout nécessaire quand il
s'agit *des effets du mariage relativement aux
biens.*

L'ancienne législation voulait que les femmes
se mariassent sans dot (4) ou au moins avec une
dot très minime. Le but de cette disposition était
de conserver le patrimoine des familles entre les

(1) Stephan. Byzant. v° παρπα Isée, discours sur l'hérédité de Pyrrhus, §§ 78, 79. Hérédité de Ciron, § 18, etc.

(2) Plutarq. *Apophtegm. Laconic. Léonidas,* 2. Les vies
d'Agis et de Cléomènès offrent un tableau complet des mœurs
de Sparte à la fin du IIIᵉ siècle. On est frappé des fréquents
mariages de veuves qui y sont mentionnés.

(3) Cf. Pour le droit attique, *Van den Es de Jure familiar. apud Athenienses,* p. 56. Après la mort de son mari,
tantôt la femme restait dans la famille de celui-ci, tantôt elle
rentrait dans la sienne propre.

(4) Justin, l. III, ch. III. Plutarq. *Apoph. Lac. Lyc.* 15.
Hermippus, dans Athénée, l. XIII, c. I, p. 555. Ælien,
l. VI, c. VI, Q. Hesychius, v° κυρετηματα. Δωτον était chez
les Doriens l'expression qui désignait la dot. V. Dyonis.
Byzant. *de bospor Thrac.* p. 17, éd. d'Oxford.

mains des mâles ; on la retrouve dans la plus
part des législations anciennes, surtout dans
celles des États aristocratiques. Du reste dans les
récits homériques les femmes se marient généralement sans dot : cette institution n'apparaît que
dans des civilisations avancées.

A la prohibition de la dot se liaient des lois
somptuaires qui avaient principalement trait aux
femmes. Les lois de Marseille notamment, en
même temps qu'elles fixaient un maximum aux
dots, en fixaient aussi un à ce trousseau ou à ce
pécule des femmes indépendant de la dot dont
elles avaient l'usage propre (1). Dans beaucoup de cités, il y avait des magistrats chargés
de veiller aux mœurs des femmes et à leur luxe.
A Sparte ils portaient le nom d'Αρμοσυνοι (2). Aristote fait remarquer que ces magistratures sont
propres aux États aristocratiques : que dans les
oligarchies on ne peut songer à limiter le luxe
des femmes de grande famille et que dans la
démocratie les femmes travaillant au dehors ne
peuvent être l'objet d'aucune surveillance. Cette
remarque jette un grand jour sur le caractère par-

(1) Strabon, l. IV, c. I, § 5. Cf. Héraclide de Pont,
πολιτειαι Κορυθων, lois de Periander à Corinthe. Plutarq.
Solon, c. XX. V. Grote, t. III, p. 140, édit anglaise.

(2) Hésychius, Αρμοσυνς. Aristote, *Politiq.* l. VI, c. XII,
§ 9; l. VII, c. V, § 13. Ciceron, *de Republicâ*, l. IV, c. VI,
fr. 16.

ticulier des gouvernements aristocratiques : on y voit le soin jaloux pris pour établir une certaine égalité sociale extérieure entre les membres de l'aristocratie et en même temps un exemple des mesures employées pour maintenir intact le patrimoine des familles, qui n'acquéraient aucune richesse nouvelle par le travail.

Les femmes spartiates abandonnaient les soins domestiques aux esclaves ; filer la laine était regardé par elles comme une occupation servile : avec de pareils principes il était impossible que de grandes habitudes de luxe ne s'introduisissent pas chez elles quand les richesses affluèrent à Sparte après sa brillante hégémonie : M. Grote voit avec beaucoup de sagacité dans ce fait l'explication du reproche de cupidité fait par tous les anciens aux Spartiates, alors qu'une discipline si sévère était imposée aux hommes : cette cupidité, selon lui, était sans cesse excitée par la nécessité de pourvoir au luxe de leurs femmes. Il y a plus : celles-ci qui disposaient du travail de nombreux esclaves avaient là une source de richesses nouvelles, tandis que les hommes n'en avaient aucune : ainsi s'expliquerait jusqu'à un certain point la fortune des femmes à Sparte et leur influence politique, qui à partir du IVe siècle se manifesta d'une façon marquante dans les agitations de l'État (1).

(1) Grote, *History of Grece*, 4° éd. anglaise, t. II, p. 522.

O. Müller s'appuie sur le récit de Plutarque d'après lequel les lots de terre devaient rapporter à chaque Spartiate 70 médimnes d'orge pour lui et 12 pour sa femme, pour supposer qu'elles avaient sur les biens de leur mari une assignation de douaire. Mais comme ce renseignement ne se retrouve dans aucun autre auteur ancien, il pourrait se faire qu'il ne remontât pas plus haut qu'à la légende falsifiée de Sphœros et se rapportât par conséquent seulement à l'état social du temps où vivait ce sophiste. Or à cette époque les femmes avaient de grandes richesses et les deux cinquièmes du territoire leur appartenaient (1).

Quelles étaient les limites de leur capacité civile, c'est ce qu'il est difficile de déterminer; mais il est évident qu'elle devait être fort large. En l'absence de toute législation écrite, l'action incessante des mœurs avait pu transformer complètement les anciennes coutumes.

§ V. — *Des règlements sur la population et de la colonisation de Sparte.*

Les législateurs anciens, surtout ceux des États aristocratiques où le travail était déshonorant

---

(1) Aristote, *Politiq.* l. II, ch. VI, § 11. Cf. Plutarq. *Agis,* c. 9. *Agésilas,* c. 20. Athénée, l. XIII, c. 2, p. 566. Déjà la sœur d'Agésilas, Cynisca, avait fait courir aux Jeux Olympiques ; Pausanias, l. III, ch. XIII, § 1.

pour la classe dominante, avaient compris toute
l'importance du problème économique de la
population. Ceux qui voulaient que le nombre
des lots de terre et des familles demeurât toujours
le même devaient évidemment redouter par dessus tout un excédant de naissances. Aussi les
législateurs de Thèbes et de la Crète avaient-ils
pris des mesures pour empêcher cet excédant ;
c'était la réclusion des femmes, les mariages tardifs, l'avortement, les amours contre nature :
Platon et Aristote, qui ont parfaitement apprécié
l'importance du mouvement de la population au
point de vue économique, approuvent généralement ces pratiques (1).

Mais par une juste revanche de la nature offen-
sée, les peuples qui limitent la fécondité du mariage voient bientôt tarir les sources de la vie.
Il en était déjà ainsi en Grèce au temps d'Aristote
où le nombre des naissances égalait à peine celui
des décès (2). A Sparte la diminution du nombre

---

(1) Aristote, *Politiq*. l. II, ch. III, § 6 ; ch. IV, § 3 ;
ch. VII, § 5 ; ch. IX, § 7. L. IV, ch. XIV, §§ 6, 10-12.
Platon, *République*, l. V, p. 89, 90, t. II, éd. Didot. Cf.
Lois, l. V, p. 343, et l. XI, p. 474. Solon permettait les
amours contre nature aux hommes libres, parce qu'ils servaient à maintenir la population civique dans un état station-
naire. Il les défendait aux esclaves, parce qu'ils nuisaient au
croît de ce bétail humain.

(2) Aristote, *Politiq*. l. II, ch. III, § 6. Ce grand obser-
vateur des faits sociaux indique avec une remarquable saga-

des citoyens était déjà un péril pour l'État puisque des privilèges étaient accordés aux citoyens
qui avaient trois ou quatre enfants et qu'on n'en-
voyait pas à la guerre ceux qui n'avaient pas
encore de postérité (1).

Il est peu probable que ces lois remontassent
à Lycurgue. Il nous est difficile de pénétrer quel
avait été son sentiment dans la question de la
population. La loi qui fixait l'âge du mariage à
30 ans pour les hommes et à 25 ans pour les
femmes était dictée par des considérations assez
exactes au point de vue de l'hygiène, sinon de
la morale (2). A côté de cela on trouve à Sparte
des traces incontestables de coutumes limitatives
de la population.

C'est ici le cas de rappeler ce fragment de
Plutarque où Lycurgue est mis au nombre des
législateurs qui ont pensé qu'il était meilleur de
ne laisser qu'un enfant pour héritier. C'est bien
à ce but que tendait cette coutume rapportée par
Timée et Polybe ; de frères vivant ensemble et
n'ayant qu'une femme pour eux tous. Quelques
lignes plus bas, Polybe ajoute *que ceux qui ont*

cité la liaison de ce phénomène avec la loi du partage égal
et forcé des successions.

(1) Id. l. II, ch. VI, § 13. Ælien, l. VI, c. VI. Hérodote,
VII, 205. Cf. Plutarq. *de Malignitate Herodoti*, 32, et la
note d'O. Müller, t. II, p. 82.

(2) Plutarq. *Lycurg.* et *Numæ comparat.* IV.

assez d'enfants prêtent leurs femmes à des amis. La loi qui subordonnait l'exercice des droits civiques au paiement d'une quote-part dans les Syssities, poussait inévitablement les citoyens à restreindre leur postérité pour éviter la déchéance de la famille (1).

Remarquez bien qu'il n'y a rien de contradictoire entre ces mesures limitatives de la fécondité et celles prises pour obliger les citoyens à se marier et à avoir des enfants : assurer la perpétuité de chaque maison et en même temps empêcher le démembrement du patrimoine, tel était l'équilibre que cherchaient à atteindre les législateurs des cités grecques.

Mais il faut tout dire : les vices contre nature étaient pratiqués à Sparte peut-être plus que partout ailleurs. Quoiqu'aient dit là-dessus Xénophon et Plutarque, nous nous en tenons au jugement de Cicéron sur la moralité des amitiés spartiates (2) ; que le législateur eût spéculé sur les effets de ces désordres, comme à Thèbes et en Crète, ou que la corruption eût dépassé ses prévisions, le résultat n'en était pas moins une rapide diminution de la population.

(1) Plutarch. *comm. in Hesiod.* fr. XX. Polybe, l. c.

(2) Xénophon, *G¹ de Lacédém.* c. II. Plutarque, *Lycurg.* c. XV et XVIII *in fine.* Cicéron, *de Republica,* l. IV, c. 4.

De la colonisation de Sparte. — Quant aux moyens véritablement efficaces et moraux de prévenir les excédants de population, à savoir : le développement de l'industrie, l'accroissement de la fertilité des terres par l'augmentation du capital, et enfin la colonisation, les législateurs grecs n'en ont jamais tenu compte. La plupart flétrissaient le travail comme une occupation servile. Quant aux colonies, sauf certaines villes commerçantes, telles que Phocée, Smyrne, Milet, Marseille, dont les institutions ne nous sont malheureusement pas connues dans le détail et qui paraissent avoir eu un système suivi de colonisation, les autres cités grecques n'ont jamais considéré les colonies comme un moyen naturel et normal d'établir les citoyens devenus trop nombreux.

Aristote, dans son admirable *Traité de la Politique*, n'a aucune vue d'ensemble sur la colonisation et ne lui donne point de place dans son système de gouvernement ; il se borne à remarquer en passant qu'à Carthage l'aristocratie prévient les mouvements de la plèbe, en envoyant dans les colonies les citoyens pauvres (1).

M. Laurent, l'auteur de l'*Histoire du droit des gens*, a, selon nous, formulé un jugement très exact sur la colonisation grecque dans ces quel-

(1) *Politiq.* l. VII, ch. III, § V. Platon cependant, dans le *Traité des Lois*, fait une certaine place à la colonisation.

ques lignes : « A entendre Montesquieu, si les
« Grecs firent sans cesse des colonies, c'est qu'a-
« vec un petit territoire et une grande félicité le
« nombre des citoyens augmentait et devenait à
« charge aux républiques. L'histoire est loin de
« confirmer ce tableau idéal : ce ne fut pas un
« excès de bonheur qui poussa les Grecs à cher-
« cher une nouvelle patrie sur une terre étran-
« gère, mais les malheurs de la conquête et des
« dissensions intestines (1). »

Les historiens modernes énumèrent un certain
nombre de colonies sorties de Sparte ; mais nous
devons d'abord éliminer toutes celles antérieures
au VIIIᵉ siècle, notamment celles de la Crète et de
l'île de Théra, qui se rattachent aux déplacements
violents des populations causés par la conquête
du Péloponèse : ce sont des émigrations (αποικιαι)
et non pas des colonisations (2).

Parmi les colonies proprement dites, nous
n'avons de données que sur celle de Tarente,
fondée par les Parthéniens qui, après la guerre
de Messénie, se trouvèrent sans patrimoine et
sans position honorable dans la cité ; sur celle
fondée par Dorieus, fils cadet du roi Anaxandri-
des, dont l'ambition suscitait des périls à l'État

(1) *Histoire du droit des gens*, t. II, p. 299. Gand, 1850.

(2) Sur les colonies de Sparte. V. Cragius, *Libri tres de
Republica Lacedæmonior*, p. 124, et surtout O. Müller,
Die Dorier, t. I, p. 123 à 126.

et à qui l'on persuada d'aller régner au loin ;
enfin sur un établissement militaire fondé au
milieu de la guerre du Péloponèse, à Trachinie
en Thrace, et qui n'eut qu'une existence éphé-
mère (1).

Dans toutes ces circonstances, l'envoi d'une
colonie était la suite de commotions politiques
qui obligeaient le parti vaincu à s'expatrier. En
lisant les passages des anciens qui se rapportent
à ces colonies, nous avons été frappé de voir
combien était petit le nombre des citoyens spartiates qui en faisaient partie. Le chef de la colonie
était toujours un Héraclide, et même les autres
peuples doriens qui voulaient fonder une colonie
s'adressaient généralement à Sparte pour avoir
un descendant d'Hercule qui reliât le culte de la
nouvelle cité à la religion de la mère-patrie (2) ;

(1) Sur Tarente, v. Justin, l. III, c. 3. Diodore de Sicile,
l. VIII, 21.— Sur les établissements de Doriens, Hérodote,
l. V, 42 et suiv. — Sur Héraclée-Trachine, Thucydide,
l. III, c. 92. Diodore de Sicile, l. XII, c. 59, et l. XIV,
c. 38.

(2) Thucydide, I, 24. Schol. vet. Horatii carm. II, 6, 12.
Ovide, *Métamorphoses*, XV, 15. Les Spartiates d'origine
formaient dans ces colonies le corps aristocratique : les Périœques et autres gens d'origine grecque, sans droit de cité,
qui s'étaient adjoints à la colonie constituaient le δῆμος ; enfin
les indigènes du pays étaient réduits à la condition de serfs.
V. Aristote, *Politiq.* l. VIII, ch. II, § 8. O. Müller, *Die
Dorier*, t. II, p. 61.

mais la masse des colons étaient des Périœques,
des Hilotes et même des Péloponésiens de toute
cité, ce qui nous confirme dans notre pensée que,
dans toute l'antiquité grecque, la population s'est
surtout accrue dans les classes inférieures, tandis
que les races privilégiées allaient toujours en
diminuant.

Les mêmes faits durent se produire dans la
fondation de Selge, de Sagalonos et de Magnesie,
colonies lacédémoniennes sur lesquelles nous
n'avons que des mentions isolées.

V.

TRANSFORMATION DE LA CONSTITUTION ET DES LOIS DE SPARTE.

—

§ I. — *Changements dans la constitution politique.*
Formation de différentes classes.

Quoique le gouvernement de Sparte ait été un
des plus stables de la Grèce, et que pendant six
ou sept cents ans la même forme extérieure des
pouvoirs politiques se soit maintenue, le temps
n'en avait pas moins exercé son action et intro-
duit dans son organisation des modifications dont
les Spartiates mieux que les étrangers pouvaient
se rendre raison. Le roi Agis, fils d'Archidamus,

qui vivait au temps de la deuxième guerre médique, avait là-dessus un mot fort piquant : Comme
un vieillard, voyant les anciennes lois tomber en
désuétude et de nouvelles coutumes moins bonnes s'introduire, se récriait sur la décadence de
Sparte, Agis répondit : « C'est là le cours naturel
« des choses ; dans mon enfance, j'entendais
« dire à mon père que Sparte tombait en déca-
« dence ; lui-même, étant enfant, avait entendu
« dire la même chose à son propre père. L'éton-
« nant serait, non pas que les choses allassent
« en se corrompant, mais qu'elles s'amélioras-
« sent ou, à tout le moins, demeurassent les
« mêmes (1). »

Le plus important de ces changements fut le
développement du pouvoir des Éphores. Ottfried
Müller a admirablement retracé cette histoire.
Institués au commencement comme de simples
magistrats régionaux chargés de surveiller les
marchés et de juger les contestations qui y naissaient, περι των συμβολαιων (2), ils absorbèrent peu

(1) *Apophtegmat. Laconic. Agid. Archidam.* 17. Cf
Thucydide, I, 18. On regarde comme interpolé le ch. XIV
du traité du G⁺ de *Lacédémone* de Xénophon, où il est question de l'altération de la constitution de Lycurgue.

(2) On peut se faire une idée de l'objet de cette juridiction par la division des matières du droit que fait Platon
dans le livre XI *des Lois*. Il comprend sous un même titre

à peu la plus grande partie des attributions judi-
ciaires de la gérusie et de la royauté, ne laissant
aux Gérontes que les jugements du grand crimi-
nel, et aux rois que cette partie de la juridiction
civile qui était liée au droit religieux. Müller fait
remarquer, avec une grande sagacité, que dans
toutes les cités grecques les tribunaux populaires
avaient de la même façon annihilé les anciennes
juridictions. A Athènes, l'aréopage lui-même avait
subi un sort pareil. Les Éphores étaient à Sparte
les représentants directs du peuple. En cette qua-
lité, ils s'étaient arrogé dans l'État un droit de
censure suprême, à laquelle les rois étaient soumis plus encore que les autres citoyens, et ils
avaient fini par réunir en leurs mains à peu près
tous les pouvoirs qu'avaient à Rome les tribuns
du peuple, les censeurs, les préteurs ; ils étaient
en réalité devenus l'autorité suprême de l'État,
et si la royauté fut conservée, c'est uniquement
parce qu'elle s'effaça devant eux sans résistance
sérieuse. Aristote et Platon ont parfaitement apprécié cette révolution, en disant que les progrès
de l'Éphorie ont changé la constitution de Sparte
d'aristocratie en démagogie et en tyrannie,

la police des marchés et des cabarets, la vente des objets mo-
biliers et des esclaves, le louage des choses et des services,
les obligations de faire, en un mot, à peu près ce qui faisait
à Rome l'objet de l'*ædilitium edictum*.

deux choses qui dès-lors s'étaient intimément liées entr'elles (1).

Cette révolution dut avoir des causes sociales qui nous échappent. Nous savons seulement qu'au IVᵉ siècle avant J.-C. il existait parmi les citoyens spartiates différentes classes bien tranchées, qui ne se trouvaient pas dans la constitution primitive.

Xénophon racontant la conspiration de Cinadon, qui au commencement du règne d'Agésilas (395 av. J.-C) mit le gouvernement à deux doigts de sa perte, rapporte en ces termes une des scènes de la conjuration : Cinadon amenait les conjurés sur la place publique et là comptant avec eux les Spartiates, il leur montrait qu'en y comprenant les rois, les Éphores et les Gérontes, leur nombre total ne dépassait pas quarante, tandis que le reste de la foule qui n'était pas moindre de quatre mille hommes, n'était composé que de leurs ennemis ; dans les campagnes même calcul : seuls quelques propriétaires épars devaient s'opposer à leur entreprise. Xénophon ajoute que la conspiration avait réuni les Hilotes, les *Néodamodeis*, les *Périœques* et les *Upomeionès*. C'est à cette dernière classe qu'appartenait Cinadon,

(1) Plutarq. *Agésilas*, c. IV. Xénophon, *Eloge d'Agésilas* I. 35. Aristote, *Politiq.* l. II, ch. VI, § 14. Platon, *Lois*, l. IV, p. 324. Sur l'Ephorie, V. Ot. Müller, *Die Dorier*, t. II, p. 111 à 120.

jeune homme doué des plus grandes qualités et d'origine spartiate, mais qui était exclu complètement du gouvernement parce qu'il n'était pas du nombre des ὅμοιοι ou égaux. Par d'autres passages des auteurs anciens nous savons que les ὅμοιοι étaient les maîtres exclusifs du gouvernement et qu'ils formaient une oligarchie très resserrée dont les Éphores étaient la partie active. Lysander avait conçu le dessein de supprimer le privilège des familles royales et de choisir désormais les rois à l'élection parmi les ὅμοιοι (1).

Quelle était l'origine de cette démarcation entre les ὅμοιοι et les ὑπομείονες? C'est ce qu'il est très difficile de savoir. D'après M. Fustel de Coulanges, les ὅμοιοι sont les aînés des familles, les ὑπομείονες les cadets et les descendants des branches cadettes; mais cette supposition ne repose sur aucun fondement.

Ottfried Müller approche davantage de la vérité en disant que la condition des ὅμοιοι était une sorte de statut politique personnel, que la *vertu*, selon la terminologie grecque, mais en réalité la richesse, faisait obtenir, et que la lâcheté ou toute autre déchéance civique faisait perdre. Les ὑπομείονες se composaient de la masse des citoyens

---

(1) Xénophon, *Hellenic.* l. III, c. III. Aristote, *Politiq.* l. VIII, ch. VI, § 2. Démosth. *in Leptinem,* 107. Xénophon, *G¹ de Lacédémone,* c. X. Plutarq. *Lysander,* c. XXVI.

qui pour une raison ou pour l'autre n'avaient
pas cet *optimum jus civitatis* (1).

Selon nous cette distinction découlait de la condition de cens à laquelle la constitution subordonnait l'exercice des droits de citoyen. Une
aristocratie de naissance et de richesse avait de
tout temps existé à Sparte et pendant la guerre
du Péloponèse on remarque constamment l'action prépondérante de quelques hommes puissants (2). Quand à cela vint s'ajouter la concentration des fortunes dont nous parlerons bientôt,
le nombre des citoyens qui se trouvèrent rejetés
à un rang inférieur (à celui des ὑπομείονες) par l'impossibilité où ils étaient de payer leur quote-part
aux Syssities, dut augmenter considérablement,
tandis que par contre l'oligarchie restée seule en
possession de la plénitude des droits de cité
forma la classe des ὅμοιοι ou des égaux, comme
qui dirait *ceux qui n'ont pas dérogé* (3).

(1) F. de Coulanges, *la Cité antique,* p. 454. O. Müller,
Die Dorier, t. II, n° 83.

(2) Thucydide, IV, 108, V. 15. Plutarq. *Lysander,*
XXVI et XXX.

(3) Cf. M. Grote, *Histoire de la Grèce,* t. III, ch. VI
(trad. française), Bielchowsky, *op. cit.* Les citoyens ainsi
déchus devaient, dans leur pauvreté, se livrer à des métiers
ou à l'agriculture : cela devenait nécessaire, car dans plusieurs cantons les Hilotes, au milieu des hasards de la guerre,
avaient abandonné les fonds auxquels ils étaient attachés.
Thucydide, l. IV, c. 41 ; l. V, c. 14.

Les *Néodamodeis*, ou nouveaux citoyens, comme leur nom l'indique, étaient, nous l'avons dit, des Hilotes affranchis : à mesure que l'état militaire de Sparte augmentait et que les citoyens d'origine diminuaient, on multipliait ces affranchissements. Dans l'armée d'Agésilas on comptait 2,000 *Néodamodeis* et seulement 30 citoyens d'origine (1). Une telle disproportion de forces créait un danger permanent dans l'État; autant que possible on employait les *Néodamodeis* dans les expéditions lointaines : si l'on tient compte en outre du nombre très grand des mercenaires entretenus à la solde de l'État, l'on comprendra que Sparte sous peine de périr ne pouvait pas cesser de faire la guerre, et aussi les Lacédémoniens finirent par faire dans le monde ancien le métier de *condottieri :* ils étaient assez nombreux dans le fameux corps des dix mille. Après que les Thébains leur eurent imposé la paix, le roi Agésilas, accablé de vieillesse, alla avec les débris de ses armées se mettre à la solde d'un roi égyptien, tant il importait de débarrasser la patrie de ces troupes habituées à être nourries par la guerre ! Un peu plus tard Cléonyme fut envoyé

---

(1) Plutarq. *Agésilas,* c. 6. Grote, 4ᵉ éd. anglaise, t. II, p. 511.

en Italie dans les mêmes conditions et pour les mêmes raisons (1).

Ajoutez à toutes ces classes les nombreux bâtards des citoyens et une foule d'étrangers domiciliés et incorporés dans la cité d'une certaine façon sous le nom de τρόφιμοι (2), et vous aurez un tableau complet de la hiérarchie compliquée à la tête de laquelle se trouvait le corps des ὅμοιοι (3).

A cette époque en effet les repas publics ne conservaient plus le caractère égalitaire qu'avait voulu leur donner l'ancien législateur. L'esprit de parti s'était emparé de la coutume qui voulait que chaque table se recrutât par le choix unanime des convives et que nul ne fut reçu s'il n'obtenait l'unanimité des suffrages. Les citoyens influents avaient fini par organiser sous le couvert des Syssities des sociétés politiques qui exerçaient

(1) Plutarq. *Agésilas*, c. 35 et 36. Sur les expéditions de Cléonyme en Italie Diod. Sicil.,l. XX. Niebhur *Hist. rom.* trad. franç. t. V, p. 371 et suiv.

(2) Xénophon, *Hellénic*. l. V, c. III, § 9.

(3) M. Bielchowsky, dans son opuscule sur les Syssities à Sparte, § 8, fait remarquer qu'à partir de cette époque la Syssitie cessa d'être la base de la division de l'armée spartiate. Jusqu'à la guerre du Péloponèse les citoyens avaient formé des corps spéciaux : les Périœques combattaient à part. Quand les citoyens furent réduits à un petit nombre, ils mêlèrent dans leurs rangs les *Périœques*, les *Néodamodeis* et les mercenaires, de façon à former des corps plus compacts et à ne pas accuser leur infériorité.

une action extrà-légale, mais très puissante sur la marche du gouvernement. C'est ainsi qu'après la guerre du Péloponèse on voit la *table des Ephores* être à la fois un lieu de réunion et une véritable association politique (1).

L'ancienne coutume selon laquelle on discutait les grands intérêts patriotiques dans les repas publics et solennels de la cité s'était ainsi peu à peu transformée en une pratique toute nouvelle de la vie politique.

Les mêmes faits du reste s'étaient produits dans toutes les cités grecques. Des sociétés de tout genre, les *eranistes* pour les choses de la vie privée, les *hétairies* pour la politique, remplissent l'histoire d'Athènes au IVe et au IIIe siècle avant notre ère. Elles avaient remplacé en fait les anciennes aggrégations de famille, qui ne subsistaient plus que comme des formes surannées et vides de sens (2).

Cette transformation des mœurs politiques de la Grèce est du plus haut intérêt et pourrait prêter à bien des rapprochements.

---

(1) Plutarq. *Quest. conv.* l. VII, 9. Cléomenès, c. 8-9. Arist. *Polit.* l. II, c. VI, 14, c. VIII, 2. Bielchowsky, p. 53.

(2) Platon, Lois, l. V, t. II, p. 334. Aristote, Morale à Nicomaque, l. VIII, c. IX, §§ 4 à 7. Sur les diverses associations athéniennes V. M. Caillemer, *Etude sur le contrat de société à Athènes.*

§ II. — *Diminution du nombre des citoyens et concentration des fortunes constatées au IVe et au III° siècles
avant J.-C.*

Notre sujet nous a déjà conduit plusieurs fois
à indiquer ces deux faits si importants. Voici
maintenant les propres paroles d'Aristote : « Ce
« pays qui est capable de fournir quinze cents
« cavaliers et trente mille hoplites compte à peine
« un millier de combattants. Aussi l'État n'a pu
« supporter un revers unique et c'est la disette
« d'hommes qui l'a tué. » Aristote écrivait cela
environ un demi-siècle après la bataille de Leuctres. Un siècle plus tard, sous le roi Agis III, il
ne restait plus que 700 Spartiates de naissance (1).

Cette diminution de la population n'était pas
un fait nouveau. A l'époque de la seconde guerre
médique, Sparte n'avait déjà plus que huit mille
citoyens, tandis qu'elle en avait compté précé-

_____

(1) Aristote, *Politiq.* l. II, ch. VI, §§ 11, 12. Plutarq.
Agis, c. V. D'après Macrobe (*Saturnales,* l. I, c. XI) Cléomènès III trouva à son avènement 15,000 Spartiates en état
de porter les armes. Il n'en faut pas conclure que la classe
des citoyens eut en partie réparé ses pertes. Les vides avaient
été surtout comblés par des collations du droit de cité faites
par Agis. (Plutarque, *Agis,* c. 8).

demment neuf mille et même dix mille (1). De
cette époque jusqu'à celle où Aristote écrivait
(de 480 avant J.-C. à 330), la diminution prit
des proportions très grandes, car en 150 ans la
population se trouva amoindrie des 7/8es. Dans
cet intervalle de temps, Sparte avait soutenu des
guerres incessantes, celle du Péloponèse, celle
d'Asie, enfin la lutte avec Thèbes qui avait fini
par deux désastres. A Leuctres, quatre cents
Spartiates étaient restés morts sur le champ de
bataille, et la Messénie avait été détachée défini-
tivement de la Laconie. Or c'était la moitié la
plus riche du territoire spartiate, et l'on comprend la profonde perturbation que cette perte
causa dans l'État (2).

Il y a plus, M. Bielschowsky et, après lui,
M. Caillemer dans l'article que nous avons cité
disent que le nombre des Spartiates avant la
bataille de Leuctres ne dépassait pas déjà douze
cents (3). Si l'on admet cette conjecture appuyée
sur de très solides raisons tirées de la composition des armées spartiates, la rapide diminution

---

(1) Hérodote, VII 234. Arist., *Polit.* l. II, ch. VI, 12,

(2) Plutarq. *Agésilas* c. 28 et 30.

(3) M. Bielschowsky, p. 52. Cf. Xénophon, *Hélléniq.*
l. III, c. III, § 5. V. encore O. Müller, t. II, p. 195. Rien
n'est plus difficile que d'établir la composition des armées
Spartiates. Toutes les inductions qu'on tire de ces calculs
sont donc jusqu'à un certain point problématiques.

du nombre des citoyens était indépendante de ce désastre matériel.

Ce phénomène n'était pas particulier à Sparte, et déjà en parlant des règlements sur la population, nous avons signalé les causes morales qui faisaient périr les cités grecques par la disette d'hommes. Ὀλιγανθρωπία, c'est le mot qu'Aristote emploie à maintes reprises, et il ajoute que beaucoup d'États essayaient de la combattre en admettant dans la cité les bâtards ou ceux dont le père seulement était citoyen, tant le nombre des naissances était insuffisant dans les classes supérieures ! (1)

A cette même époque, en Laconie les classes inférieures, Hilotes et Périœques, faisaient preuve d'une telle vitalité et fournissaient à l'État des soldats et de nouveaux citoyens en si grand nombre, qu'il y a tout lieu de croire que chez elles la population loin de diminuer allait en augmentant : l'oppression la plus dure est moins dangereuse pour un peuple que la corruption qui vient de l'abus du pouvoir et de la richesse (2).

(1) Politiq. l. III. c. III, § 5.

(2) Sur les Périœques. V. notam. Xénophon, *Helléniq.* l. V, c. III, § 9. Au plus fort des malheurs de Sparte, le district qui environnait immédiatement la ville et qui était cultivé exclusivement par des Hilotes avait une grande richesse agricole, ce qui suppose une population nombreuse. Polybe, l. V, c. 19. V. Wallon, *histoire de l'esclavage*, t. I, p. 119.

Aristote indique comme la principale cause de cette diminution de la population civique la concentration des richesses en un petit nombre de mains, et le remède qu'il indique ne consiste rien moins qu'en un partage des terres qui établirait l'égalité des possessions. La population, dit-il, est divisée en riches et en pauvres ; toute la richesse est aux mains de quelques individus qui ont des fortunes colossales. Déjà en 395, à l'époque de la conspiration de Cinadon, les Spartiates propriétaires formaient une infime minorité comme l'indique le récit de Xénophon. Après Aristote, cette concentration alla si loin qu'au temps d'Agis III la Laconie entière était devenue la propriété de cent personnes (1).

On dut, à cette époque, renoncer à exclure complètement de la cité les citoyens qui ne pouvaient payer leur quote-part aux Syssities : nous les voyons dans les révolutions d'Agis et de Cléomènes relégués dans le Δημος et privés des honneurs politiques, mais conservant encore le titre de citoyen (2).

Les femmes, ajoute Aristote, sont à elles seules propriétaires des deux cinquièmes du territoire, et il accuse leurs habitudes de luxe et d'indépen-

---

(1) *Politiq.* l. II, c. VI, §§ 10-13 ; l. VIII, ch. VI, § 7; ch. X, § 5. Xénophon, *Hellenig.* l. III, c. III, § 5.

(2) V. Bielchowsky, *de Spartanor, Syssitiis,* p. 48 à 52 et M. Caillemer, op. cit.

dance d'être une des principales causes de cette funeste situation économique (1).

Malgré tous les récits romanesques qui, dans l'antiquité, faisaient de Sparte une terre idéale où la modération, la tempérance et toutes les vertus florissaient, la cupidité y était un mal invétéré. La Pythie de Delphes dans un ancien oracle les avait avertis que l'argent les perdrait, et malgré toutes les défenses de Lycurgue relatives aux métaux précieux, peut-être même en raison de ces défenses, nulle part ils n'étaient plus recherchés (2). Tant que les Spartiates n'avaient été en lutte qu'avec des peuples aussi pauvres qu'eux, le butin de la guerre n'avait pu être une grande source de corruption, mais il en fut tout autrement quand ils eurent à piller les riches camps des Perses et les opulentes villes de l'Asie. Sans doute, le trésor de l'État en retenait une part, mais il est bien évident que les généraux et tous les chefs se faisaient aussi la leur (3). Le résultat final fut que Sparte, la ville de la frugalité et du brouet noir, absorba et retira de la circulation du reste de la Grèce une grande

(1) Aristot. *Politiq.* l. II, ch. VI, § 9.

(2) Plutarq. *Instituta Laconica*, 43. Zenobius, II, 24. Théopompe, fr. 66, dans le t. I *des Fragments des historiens grecs de Didot.* Euripide, *Andromaque*, v. 466 et suiv.

(3) Hérodote, l. IX, 81.

quantité de métaux précieux ; le fait est parfaitement constaté par Bœeck dans son ouvrage sur l'*Économie politique des Athéniens* (1).

Ainsi, l'on s'explique comment l'ancienne aristocratie de naissance, qui avait fait la force de l'État, se transforma en une aristocratie de richesse avec le luxe insolent et les mêmes intrigues de femmes, qui se produisirent sur un plus vaste théâtre dans les deux derniers siècles de la République romaine.

Deux hommes, Pausanias et Lysander, contribuèrent principalement à cette révolution dont les résultats furent d'autant plus assurés qu'elle fut exempte de violence. Lysander surtout exerça sur les destinées de sa patrie une action décisive. Doué de dons éminents dans la guerre et dans la politique, très supérieur à ses contemporains par la largeur des vues, n'ayant ni religion ni sens moral et sachant habilement se servir de la superstition publique, à la fois d'une austérité affectée et d'une corruption profonde, d'un tour d'esprit sceptique et pénétrant qui rappelle étonnamment celui de Frédéric de Prusse, il poursuivit systématiquement la destruction des antiques institutions. Il introduisit dans toutes les maisons l'or, les esclaves domestiques, les métaux pré-

(1) Trad. française de Laligant, t. I, p. 49. V. dans Barthélemy une note sur *les sommes d'argent introduites à Lacédémone par Lysander.*

cieux avec une profusion telle qu'après lui Sparte
put marcher de pair avec Corinthe. Il se plaça
ainsi sans effort apparent au-dessus des lois sous
la vindicte desquelles Pausanias avait succombé
et à sa mort il se trouva pauvre, comme par une
dernière ironie pour ses concitoyens qu'il avait
enrichis et corrompus (1).

§ III. — *Causes de la concentration des fortunes.
Nouvelles lois sur les successions.*

Aristote indique nettement comme cause de la
concentration des fortunes et par suite de la
diminution de la population, la liberté que les
citoyens avaient de disposer de leurs biens. Cette
liberté de disposition comprenait la faculté : 1° de
faire des donations et des legs, même d'immeubles ; 2° de doter richement les filles qui avaient
des frères et de marier celles qui restaient uniques

(1) Plutarq. *Instituta Laconica*, 42. Vie de Lysander
passim. Sur les richesses et le luxe des Spartiates à partir de
cette époque Thucydide, l. VIII, c. 40. Xénophon, *Hellenic.*
l. VI, c. 4, § 11. G¹ de *Lacédém*. V. 3. Phylarque, dans
Athénée, l. IV, ch. VIII, p. 141. Théopompe, dans Athé-
nées, l. XII, c. VIII, p. 536. Plutarq. *Timoléon*, XI. Cléar-
que, dans Athénée, l. XV, ch. VIII, p. 681.

héritières à qui l'on voulait, c'est-à-dire en dehors de la parenté (κγχιστιια) (1).

Tout cela était formellement contraire à l'ancien droit, et si l'habitude de donner aux filles de fortes dots avait pu s'introduire par la seule action des mœurs, une loi expresse avait été nécessaire pour donner contrairement à des lois très formelles la liberté de disposer de ses immeubles et de marier les filles héritières à d'autres qu'à des parents. Plutarque nous apprend en effet que cette loi avait été portée par un Éphore nommé Épitadès à une époque que nous ne connaissons pas exactement, mais certainement antérieure à Aristote d'un certain nombre d'années au moins. Cet Éphore, dit Plutarque, voulait se venger de son fils et pouvoir le déshériter. Les citoyens influents l'appuyèrent pour avoir le moyen de capter des héritages au mépris des règles sur la dévolution *ab intestat* qui les assuraient toujours aux parents par le sang (2). M. Grote, frappé de ce que Plutarque est le seul auteur ancien qui parle d'Épitadès et aussi des détails romanesques de son récit, en a contesté la réalité ; mais c'est à tort ; car Plutarque a dû avoir des données exactes sur un fait qui s'était produit à une époque où les lumières abondaient ; et surtout un

(1) *Politiq.* l. II, ch. VI, §§ 10, 11 ; l. VIII, ch. VI, § 7.

(2) Plutarq. *Agis*, c. V.

pareil changement de législation était trop dans la force des choses pour ne pas se produire en ce temps-là.

L'absolue immutabilité du patrimoine, sa transmission perpétuelle avec le sang que commandait l'ancienne religion des mânes, devaient paraître arbitraires et insupportables, à mesure que les antiques croyances s'affaiblissaient et que les progrès du commerce et de l'industrie introduisaient dans les fortunes des éléments plus personnels, s'il est permis de parler ainsi. La prohibition d'aliéner les immeubles même à titre onéreux qui existait dans l'ancienne organisation sociale avait forcément disparu, et une fois qu'il était permis au propriétaire d'aliéner de son vivant la terre paternelle, comment en bonne logique lui refuser le droit d'en disposer après sa mort? C'est à Athènes la ville la plus avancée de la Grèce par le commerce et l'industrie, à Athènes qui proclamait déjà ce grand principe économique, *qu'aucune borne n'est posée à la richesse provenant du travail,* que devait se produire tout d'abord ce besoin de disposer de ses biens, si naturel à ceux qui ont acquis leur fortune par leurs propres sueurs. Solon, dans sa législation qui fut une œuvre de transition, s'efforça de donner satisfaction à ce besoin, tout en maintenant dans la plupart des cas la transmission du patrimoine au profit des parents chargés de continuer les sacrifices funèbres. Quelque fussent les limi-

les dans lesquelles il avait renfermé la faculté de
tester, un grand triomphe n'en avait pas moins
été remporté au profit de la liberté civile et des
saines idées économiques (1). Avec l'ascendant
politique et intellectuel d'Athènes, ses lois en cette
matière se répandirent peu à peu dans toute la
Grèce. Isocrate nous apprend dans son *Eginé-
tique* que toutes les îles de l'Archipel les avaient
adoptées : les États constitués aristocratiquement,
chez lesquels le maintien d'un même état de fortune dans les familles était une des nécessités du
principe de la constitution, résistèrent longtemps ; mais là encore le principe de la liberté
civile triompha : il en fut ainsi à Thera, à Thèbes,
à Leucade : nous avons déjà dit que dans cette
dernière ville la loi qui établit la faculté de disposer librement de son bien concorda avec l'établissement de l'égalité politique. Sparte ne pouvait pas rester isolée indéfiniment : au milieu des
guerres pour l'Hégémonie, ses citoyens s'étaient
mêlés à ceux des autres cités et en avaient pris les
idées : d'ailleurs la constitution aristocratique de
Lycurgue fondée sur la vertu civique avait péri
radicalement : la forme extérieure du gouvernement subsistait encore, mais l'idée n'existait plus :

---

(1) Τὰ χρήματα κτήματα τῶν ἐχόντων ἐποίησεν, dit Plutarque en parlant de Solon, c. 24. Cf. πλούτου δ'οὐδὲν τέρμα
πεφασμένον ἀνδράσι κεῖται, vers de Solon cité par Aristote,
Politiq. l. I, ch. III, § 9.

d'un côté un peuple de citoyens appauvris et
dévorés par les passions démagogiques, de l'autre une oligarchie de richesse : voilà où en était
arrivée la cité de Lycurgue : les anciennes lois
sur les successions ne répondaient évidemment
plus à ce nouvel état social.

Les femmes, qui en étaient surtout victimes,
avaient un intérêt majeur à les faire changer.
Avec la liberté ou plutôt la licence de leurs mœurs
à cette époque, avec l'influence sociale qu'elles
exerçaient, il est bien sûr que de jeunes et riches
héritières ne se souciaient plus d'épouser un vieil
oncle pour l'honneur du culte des ancêtres (1).

L'introduction de la liberté de disposer de ses
biens par l'éphore Épitadès est donc à nos yeux
un fait incontestable. Mais il nous est plus difficile de dire avec précision en quoi consistait cette
liberté de disposition :

En l'absence de textes positifs, la connaissance
des principes généraux du droit grec et de son
développement historique nous fait nous arrêter
aux conjectures suivantes :

La réforme d'Épitadès ne consista pas dans le
droit pur et simple pour le père d'exhéréder son

_____

(1) A cette époque les femmes avaient obtenu partout le
droit de tester. V. la fameuse inscription Théréenne. Bœck,
C. J. G. n° 2248. Cf. pour Athènes, Démosthène, *Pro
Phormione*, § 14, et Schneider, de *Jure hereditario Athe-
niensium*. Munich, 1851, p. 35.

fils indigne. Ce droit connu sous le nom d'ἀποκηρύξις *(abdicatio liberorum)* devait exister auparavant à Sparte comme il existait dans toutes les anciennes cités grecques. — Sauf ce cas d'exhérédation solennelle, le fils restait toujours en principe héritier du patrimoine. Il nous paraît impossible que les principes du droit hellénique sur la continuation de la personne aient pu être bouleversés à ce point; mais, une très grande liberté de disposer fut donnée par Épitadès en ce sens qu'il permit: 1° au cas où le fils était héritier de le grever indéfiniment de legs (1); 2° de marier les filles héritières en dehors de la famille.

Quant à l'action de ces nouvelles lois de succession sur la concentration des patrimoines et la diminution du nombre des citoyens, nous n'acceptons pas sans réserves ce qu'en dit Aristote. Cet incomparable penseur a eu au plus haut degré le talent de l'analyse; nul n'a connu mieux que lui les constitutions de son temps, mais le sens

---

(1) La loi d'Athènes admettait à côté du droit pour les fils d'être héritiers, le droit pour le père de faire des legs. Mais ce dernier droit avait reçu une limitation que nous ignorons. (Caillemer, *Le droit de tester à Athènes*). Selon nous à Sparte, on n'avait pas posé de limites au droit pour le père de faire des legs tout en respectant la vocation du fils qui restait *suus ac necessarius hœres*. Nous invoquons à l'appui de notre conjecture l'analogie du droit de Thèbes indiqué dans le passage de Polybe cité plus bas.

historique lui manquait et s'il n'a pas porté un jugement exact en celte matière c'est qu'il n'avait pas la compréhension de l'ancien état social où les idées religieuses et les traditions domestiques exerçaient un empire prépondérant. Cet état de choses avait disparu si complètement sous l'influence de la doctrine des sophistes, que les plus puissants esprits de l'époque ne le concevaient même pas.

En ce qui touche l'influence de la loi d'Épitadès sur la diminution de la population à Sparte, il saute aux yeux qu'on ne saurait l'en rendre responsable, puisque comme nous l'avons établi cette diminution remontait bien avant (1).

La cause véritable s'en trouvait dans la proscription du travail libre, dans les guerres continuelles qui moissonnaient sans relâche la jeunesse. On n'a qu'à lire dans Plutarque ou dans

(1) Nous ne parlons ici que de la diminution de la population totale; nous laissons de côté la diminution du nombre des citoyens actifs, sur laquelle des causes politiques qui nous échappent ont dû influer. En comparant le chiffre de 1,000 hommes en état de porter les armes donné par Aristote et celui de 700 donné par Plutarque, on trouve en un siècle une diminution de 300 hommes, soit 3/10es. Ces chiffres se rapportent à la population totale, tandis que la diminution autrement forte constatée entre l'époque de la seconde guerre Médique et celle d'Aristote qui est des 7/10es, paraît ne se rapporter qu'aux citoyens actifs jouissant de l'*optimum jus civitatis*.

Pausanias les généalogies des maisons royales pour voir combien de familles restaient sans descendance mâle , parce que les jeunes gens périssaient à la guerre avant d'avoir eu eux-mêmes des enfants. Là est l'explication du grand nombre de filles qui restaient uniques héritières, fait que signale Aristote.

Le partage égal et forcé des terres avait dû faire décheoir bien des familles et rejeter leurs membres dans la classe des citoyens inférieurs qui ne pouvaient payer leur quote-part aux Syssities. Mais la limitation de la fécondité des mariages que conseillait le législateur, pour obvier à cet effet du partage égal , affectait la population toute entière et amenait l'extinction complète de certaines familles. D'autre part, si beaucoup de familles de petits propriétaires disparaissaient par toutes ces causes réunies , le droit absolu qu'avaient les parents d'épouser les filles héri- tières concourait aussi à la concentration des biens dans certaines maisons. Cette concentration n'était pas la cause de la dépopulation, elle en était au contraire l'effet.

Ajoutons que les richesses considérables intro- duites dans Sparte après la guerre du Pélopo- nèse profitèrent plutôt aux familles influentes qu'aux familles pauvres. Ce fut dans de moin- dres proportions ce qui se passa à Rome après la prise de Corinthe et de Carthage.

La liberté de tester, inaugurée par Épitadès, eut pu amener quelques siècles plutôt une meilleure constitution sociale, mais alors rien ne pouvait plus remédier à ces maux : la décadence était trop avancée. A Rome, dans les siècles qui avaient suivi la loi des douze tables, le testament avait été un puissant moyen de conservation pour les petites propriétés (1) ; mais qui eût pu alors donner aux Spartiates dégénérés les vertus des anciens Romains : l'amour du travail, la continence, la fécondité du mariage ? Un simple changement de législation ne pouvait pas détourner le cours des mœurs à ce point. La liberté de disposer de ses biens ne causa pas les maux que constate Aristote ; ce qu'il fallait accuser, c'était la profonde désorganisation de la famille. Polybe nous a raconté, dans un passage fort curieux, le triste usage qu'en faisaient les riches Thébains ; au lieu d'établir solidement leurs familles, ils dévoraient leur patrimoine dans des orgies, et ce qu'il en restait après leur mort ils le laissaient à certaines sociétés d'amis qui le consumaient en banquets commémoratifs (1).

(1) Niebhür. *Histoire romaine*, trad. de Golbéry, t. VI, p. 49.

(1) Polybe, l. XX, c. VI. « La république des Béotiens « tomba dans une telle décadence que pendant vingt-cinq « ans aucune justice ne fut rendue ni dans les procès privés, « ni dans les accusations publiques. Quelques-uns des ma-

Quant aux liens du sang et au désir de perpétuer la famille, on n'en avait plus nul souci. La
société antique tombait en pourriture, et elle
sentait bien que rien d'elle ne devait survivre ;
c'était aux descendants de ses esclaves à régénérer
le monde sous la bannière du Christianisme !

« gistrats se mirent à distribuer à la populace l'argent du
« trésor. Celle-ci naturellement les soutint, leur confia toutes
« les charges, enchantée de n'avoir plus à payer ses dettes
« et de prendre part au pillage de la chose publique.....
« Une autre pratique funeste se généralisa en même temps.
« Ceux qui n'avaient pas d'enfants, au lieu de laisser leurs
« biens à leurs agnats (τοὶς κατὰ γένος ἐπιγενόμενοις), comme
« c'était l'ancien usage, les léguaient sous la condition d'être
« employés en banquets par leurs amis qu'ils en faisaient
« propriétaires en commun. Bien plus, beaucoup de ceux
« qui avaient des enfants laissaient la majeure partie de leurs
« biens à des sodalités de ce genre. » (Sur ces sociétés à
Athènes, V. M. Caillemer, op. cit. p. 42). Dans ce passage,
Polybe indique nettement la différence entre les institutions
d'héritier et les legs. Il est certain qu'à Athènes celui qui
avait des fils ne pouvait instituer d'héritier, et cependant il
pouvait faire des legs dans une certaine mesure. (V. Bunsen,
de Jure heredit. Athen. p. 59, 60, et surtout Schneider, *de
Jure heredit. Athen.* p. 35). Une semblable disposition avait
dû être transportée dans le droit de Thèbes et dans celui de
Sparte. Quand Plutarque nous dit qu'Épitadès voulut déshériter son fils, il ne faut pas entendre cela d'une *exhérédation*
semblable à celle du droit romain, mais de la faculté indéfinie
de léguer au détriment de l'héritier. Au cas où l'on n'avait
pas d'enfants mâles, liberté absolue d'instituer un étranger
et de lui faire épouser sa fille.

Denys d'Halicarnasse et Platon nous appren-
nent ce qu'était devenue la famille dans cette
décadence des mœurs. L'autorité paternelle n'était
plus rien : les vieillards sans autorité morale sur
la jeunesse s'efforçaient d'en suivre les modes :
les pères ne cherchaient plus qu'à complaire à
leurs enfants : les femmes étalaient un luxe bru-
yant : les serviteurs s'égalaient aux maîtres : en
un mot la démocratie avait envahi la famille (1).

Le même Platon qui a tracé ce tableau saisis-
sant de la corruption des mœurs domestiques
s'est élevé dans un passage célèbre contre le principe même du droit de tester. La désorganisation
sociale au milieu de laquelle il vivait suffirait à
expliquer son opinion, car jamais circonstances
ne furent plus défavorables à l'exercice d'une
liberté quelconque ; mais il faut bien remarquer
au nom de quelle doctrine et de quels intérêts
Platon attaque le droit de tester. Son but haute-
ment avoué est de conserver les biens dans les
familles : c'est à elles et non aux individus que le
patrimoine appartient et les familles elles-mêmes
sont faites pour l'État. Il veut que chacune des
4,500 maisons demeure immuable à perpétuité
avec le même patrimoine. Un seul des fils doit
succéder : les autres seront pourvus soit dans des

---

(1) Denis d'Halicarnasse, *Antiquités romaines*, l. II,
c. 26. Platon, *la République*, l. VIII, p. 156 et suiv. t. II,
édit. Didot.

maisons désertes soit dans des colonies ; un seul
fils et une seule fille sont le nombre d'enfants
auquel la loi engage à se borner : à défaut de
descendants les parents collatéraux ont un droit
de réserve presque aussi énergique (1). Platon
avait pour idéal ces constitutions aristocratiques
qui reposaient sur la conservation légale et forcée
du patrimoine. Non seulement le monde antique
n'a pu réaliser la liberté civile dans ses réalités
pratiques, mais encore ses penseurs les plus éminents ne sont jamais arrivés à cette idée que la
société se conservait avant tout par l'action des
forces morales et religieuses et qu'aucun régime
de contrainte ne pouvait suppléer à ces forces
quand elles avaient disparu.

§ IV. — *La guerre des riches et des pauvres à Sparte.*
Les rois démagogues Agis et Cléomènes.

La guerre civile sous sa forme la plus hideuse,
la lutte armée du pauvre et du riche, devait être
le terme des révolutions successives des cités
grecques et de l'effondrement de toutes les anciennes idées religieuses et sociales que les philosophes et les sophistes battaient en brèche
depuis plusieurs siècles. Toute stabilité politique

(1) Platon, *Lois*, l. XI, t. II, p. 467 et suiv.

était devenue impossible dès l'époque où Aristote écrivait, et après lui les révolutions furent encore plus fréquentes et plus atroces. Quand les pauvres parvenaient à s'emparer du pouvoir, ils abolissaient les dettes, proscrivaient les riches et partageaient leurs biens. Puis quand ceux-ci réussissaient à reprendre le dessus, généralement avec l'aide de quelque force étrangère, c'étaient des représailles affreuses. Aristote nous apprend que dans beaucoup de villes les riches faisaient entre eux ce serment: « *Je jure d'être l'ennemi* « *du peuple et de lui faire tout le mal que je* « *pourrai* (1). »

A Sparte la même lutte se produisit entre le petit nombre de familles riches qui dans leur cercle étroit prétendaient encore faire fonctionner le gouvernement de Lycurgue et le très grand nombre de citoyens sans fortune et surtout d'habitants sans droit de cité qui composaient alors la majorité de la population des cités grecques. La révolution de Sparte eut seulement ceci de très particulier, que les rois furent à la tête du mouvement populaire. Plutarque nous a conservé le récit des actions des deux derniers d'entre eux, Agis et Cléomènes, qu'il compare aux Gracques :

(1) *Politiq.* l. VIII, ch. VII, § 19. V. sur l'histoire de ces révolutions intérieures M. Fustel de Coulanges, *la Cité antique*, l. IV, ch. 12 et 13. *Riches et pauvres. — Les Révolutions de Sparte.*

du reste depuis longtemps la royauté penchait pour le parti populaire et Aristote nous dit que les rois se faisaient démagogues pour lutter contre les Éphores (1).

Nous ne voulons pas entrer dans le détail de ces agitations. On n'a qu'à lire Plutarque. On y verra comment la révolution démagogique mise en avant par le jeune roi Agis (244 av. J.-C.) fut étouffée presque dans son germe, puis reprise avec plus de succès par Cléomènes : abolition des dettes, partage des terres, et collation du droit de cité en masse à tous les déshérités du droit politique, tels étaient les procédés prêchés par les Sophistes et mis en œuvre par ces rois.

Comme dans toutes les révolutions, de généreuses illusions se mêlaient à des passions honteuses. Au milieu d'une foule avide de pillage, de princes qui voulaient le pouvoir à tout prix, d'oligarques ruinés qui cherchaient par la confusion générale à échapper à leurs créanciers, on voyait mêlées au mouvement des femmes ardentes séduites par les mots magiques de liberté et d'égalité et qui mettaient au service de la cause populaire le prestige de leur beauté et de leur

(1) Aristote, *Politiq.* l. II, ch. VI, § 14. Cf. l. II, ch. VIII, § 2, et Thucydide, l. I, c. 132. Sur le roi Agis, V. Ciceron, *de Officiis*, l. II, c. 23.

courage (1), puis des jeunes gens imbus de la philosophie de l'époque, des doctrines stoïciennes et pythagoriciennes surtout, enfin des philosophes qui voulaient par dessus tout réaliser leurs utopies.

Nous avons déjà signalé la part prise par le stoïcien Sphœros aux dernières révolutions de Sparte : il avait été le précepteur du jeune Agis et fut le conseiller le plus actif de Cléoménès : nous avons la liste de ses nombreux ouvrages sur le gouvernement de Sparte et sur Lycurgue. Comment croire que ce fussent là des œuvres purement historiques? L'antiquité était pour lui une toile sur laquelle il peignait tous ses rêves d'avenir et l'illusion qu'il produisait était parfaitement possible à une époque, où l'histoire même nationale n'était connue que d'un très petit nombre d'esprits éclairés.

Plus heureux et moins scrupuleux qu'Agis, Cléoménès (238-222 av. J.-C.) put réaliser son

(1) M. Bachofen a jeté un grand jour sur la part prise par les femmes dans le mouvement philosophique de la Grèce, et dans la propagation des cultes orientaux qui commence avec Pythagore. Il signale aussi l'influence qu'elles exercèrent dans le sens de la diffusion des droits civils (*Das Mutterrecht*, pp. 151, 301, 381, 386). A notre sens, c'est une des parties de son grand ouvrage dont les résultats offrent le plus de certitude. Naturellement il met en grand relief le rôle joué par les femmes dans la révolution conduite par Agis et par Cléomenès (n° 353).

système pendant un certain nombre d'années et partager réellement la Laconie en 15,000 portions attribuées aux Périœques et 4,500 aux citoyens. Tyran absolu à l'intérieur, Cléoménès ne se soutenait que par une guerre continuelle au dehors, guerre de propagande qui avait pour but d'établir la démagogie dans tout le Péloponèse. Ce fut cela même qui le perdit : la ligue achéenne, dont le gouvernement était oligarchique et qui voulait à tout prix se préserver de cette contagion, appela à son aide les Macédoniens. Ceux-ci chassèrent Cléoménès, rappelèrent les riches citoyens qu'il avait proscrits et rétablirent l'ancien gouvernement, πολιτεία disent Plutarque et Polybe, c'est-à-dire une certaine aristocratie de fortune assez tempérée : c'était la forme de gouvernement qui prévalait à ce moment dans les villes grecques, grâce à l'appui des rois de Macédoine et qui fut consolidée par les Romains.

Mais il ne faut pas prendre au sérieux cette restauration de l'ancienne constitution spartiate. Les éléments essentiels en avaient complètement péri. Cléoménès avait aboli l'Éphorie ; bien plus il avait assassiné lâchement le représentant de l'autre maison royale, le propre frère de l'infortuné Agis. Lui-même fut le dernier de sa race et après lui la constitution de Sparte, jadis si puissamment originale, n'offre rien désormais qui la distingue dans le fond de celle des autres villes de la Grèce.

§ V. — *Sparte sous la domination Romaine.*

Quand les Romains vinrent remettre l'ordre
dans le Péloponèse, Sparte avait passé par la
domination de quelques tyrans pires que Cléoménès, mais que la populace défendait avec
acharnement, car ils lui servaient à opprimer et
à dépouiller les riches (1). Le dernier d'entre eux,
Nabis , fut renversé par Quinctius Flaminius
(192 av. J.-C.), qui en ravissant la liberté à la
Grèce lui rendit la paix civile. C'est une chose
triste à dire pour la patrie des Miltiade et des
Léonidas, les Romains étaient appelés par tout
ce que le pays comptait de propriétaires et d'hon-
nêtes gens, leurs secours étant le seul moyen
d'échapper aux violences de la démagogie. A part
quelques représentants élevés mais isolés du
patriotisme tels que Philopœmen, ils n'avaient
pour adversaires que la lie populaire des villes
et quelques tyrans méprisables. Voilà à quoi
avait abouti la plus brillante forme politique qui
fut jamais et toute la sagesse de tant de législateurs et de philosophes!

Mais au milieu de ces hontes une grande œuvre
providentielle s'accomplissait. A peine les Ro-

(1) Polybe, l. II, c. 40 à 70; l. IV, c. 81.

mains avaient-ils foulé le sol du Péloponèse que
les Cômes des Périœques s'étaient soulevés et que
les Hilotes avaient pris les armes. Leur servitude dix fois séculaire finissait enfin : les Romains en établissant à Sparte un gouvernement
aristocratique tempéré consacrèrent leur liberté
et les organisèrent sous le nom d'*Éleuthero-Laco-
nes* en une confédération de 24 cités (1). Les
révolutions démagogiques n'avaient pas été non
plus sans un heureux résultat. De nombreux
esclaves avaient été affranchis : le droit de cité
avait été conféré à un très grand nombre de ces
métœques, de ces bâtards, de ces gens à qui le
droit étroit et resserré de la société antique refusait les avantages de la vie civile (2). Malgré les
réactions qui suivirent, ces résultats demeurèrent
acquis; chaque cité ne fut plus un sanctuaire et
•une forteresse inaccessibles : ainsi l'égalité sociale
progressa, les hommes furent moins séparés,
moins hostiles les uns aux autres et le monde
se trouva matériellement préparé à la grande
émancipation chrétienne.

Les généraux de la République et plus tard
les empereurs conservèrent son autonomie à

---

(1) Strabon, l. VIII, c. V, §§ 4 et 5. Pausanias, l. III,
c. XXI, §§ 6 et 7. Polybe, l. XX, c. 12.

(2) Plutarq. *Agis*, c. 8. Aristote, *Politiq.* l. III, c. III,
§ 5. Polybe, XIII, c. 6. XVI, c. 13. Tite-Live, l. XXXVIII,
c. 34.

Sparte. Elle ne fut tenue vis-à-vis d'eux qu'au service des alliés. Cicéron la recommanda une fois à la justice d'un proconsul de ses amis, et un peu plus tard elle fit partie de la clientèle de la famille Claudia (1). Du reste, son droit civil et ses institutions politiques demeuraient debout. Au IIme siècle de notre ère, Apollonius, de Tyane, y vit encore en vigueur certaines institutions qui se rattachaient à Lycurgue, notamment l'éducation en commun de la jeunesse (2) ; mais tout cela n'était qu'une vaine apparence, rien ne distinguait plus Sparte des autres villes grecques, et c'était même une des plus obscures d'entr'elles. Elle battait monnaie à l'effigie des empereurs, et l'on a recueilli une série de pièces impériales qui va d'Auguste à Gallien. Même sur ses monnaies dites autonomes, on trouve plusieurs noms de magistrats à physionomie latine, qui indiquent l'infiltration successive des éléments romains dans sa vie intérieure et la destruction graduelle de son autonomie (3).

(1) Strabon, l. VIII, c. V, § 5. Cicéron, *Lettres* n° 505, éd. Nisard, Suétone *Tiber*. VI.

(2) Plutarq. *Lycurgue*, c. 18. *Agésilas*, c. 35. Cpr. *Instituta Laconica*, 42. Philostrate, *Vita Apollon.*, l. IV, c. 31-33, l. VI, c. 20.

(3) Les principaux textes relatifs à l'histoire de Sparte sous la domination romaine ont été rassemblés par Chateaubriand dans l'*Introduction de l'itinéraire de Paris à Jérusalem*. Il faut voir surtout Boeck *Corpus inscript. Græcar.*,

Après les troubles de l'époque des trente tyrans, il n'est plus fait mention de Sparte dans
l'histoire. C'est vers ces temps-là d'ailleurs que
le droit de cité ayant été communiqué à tous les
hommes libres habitant le monde romain, les
lois civiles propres aux différentes cités furent
abrogées par la force des choses, au moins en
tant que droit positif et obligatoire. Quant aux
traces qu'elles laissèrent dans les mœurs et dans
les coutumes, c'est un vaste sujet qu'il ne faut
pas aborder ici incidemment.

t. 1, part. IV, sect. III, inscriptions de la Laconie et de la
Messénie : la 1re date de l'époque de Quinctius Flaminius, les
dernières sont du temps des Gordiens : on y remarque la
mention des nomophylaques, magistrats dont l'institution
remonte à Cléoménès.

Sur la numismatique de Sparte, v. Eckel, *Doctrina vet.
num.* t. II, p. 278 à 286; Mionnet, *Médailles grecques*,
t. II, p. 222 et supplément, t. IV, p. 227; Cadalvène,
Recueil de médailles grecques inédites, p. 186. Parmi les
médailles dites autonomes, un très petit nombre datent de
l'indépendance de Sparte. La seule qui ait une attribution bien
certaine est du roi Areüs qui a régné de 309 av. J.-C. à 275,
et l'on n'en a probablement point de plus anciennes. Un
autre groupe de monnaies porte le monogramme de la ligue
Achéenne. Enfin le plus grand nombre paraissent dater de
l'époque où les Romains dominaient déjà en Grèce: elles
doivent être rapprochées des monnaies de quelques villes de
Laconie (Eleuthero-Laconès) qui nous sont aussi parvenues,
v. *Eckel*, l. c.

SOMMAIRE

—

———————

INDEX

—

www.ingramcontent.com/pod-product-compliance
Lightning Source LLC
Chambersburg PA
CBHW071853200326
41519CB00016B/4368